今すぐ取りかかりたい

最高の終活

秘密も恥も〝お片づけ〟
トラブルを未然に防ぐ
身辺整理のすすめ

著
眞鍋淳也（南青山M'S法律会計事務所 弁護士・公認会計士）
山本祐紀（株式会社ローツェ・コンサルティング 税理士）
吉田泰久（プルデンシャル生命保険株式会社 エグゼクティブ・ライフプランナー）

協力
一般社団法人 社長の終活研究会

《はじめに》今すぐ、取りかかりましょう。

弁護士　公認会計士
一般社団法人社長の終活研究会 代表理事
眞鍋《まなべ》淳也《じゅんや》

みずからの死に向けての準備を意味する「終活《しゅうかつ》」。テレビ番組や雑誌の特集などを通じて、いまや、すっかり身近な言葉となりました。

ひと昔前は、「自分が死んだあとのことを考えるなんて、縁起が悪い。冗談じゃない」と考える方が大半でしたが、この価値観はここ数年で一新された感があります。

死に向き合い、有終の美を飾るにふさわしい光景をデザインできるようになったのは、とても素敵なことです。誰もが自分の思いどおりに、最高の形で人生の幕を下ろすことができれば、これ以上の喜びはないでしょう。

ところが、現実はそう甘くありません。悔いを残したまま死んでいく人のほうが、はるかに多いのです。

なぜなら、**死はいつだって、突然やってくる**からです。言うまでもないことですが、**お迎えは年齢順に上からくるものではありません**し、「せめて仕事を引退してから」といっても、待ってはくれません。

近年は、働きざかりの年齢層の突然死が急増しています。不慮の事故や自然災害に見舞われるかもしれません。あなたの身近にも、志半ばで命を落とした方がいらっしゃることでしょう。

想像してみてください。**今から数秒後、確実にあなたが死を迎えるとしたら。**

あなたの大切な家族や仕事は、どうなってしまうでしょうか。とくに経営者の方は、社員全員の人生を背負っています。突然、大黒柱を失った方たちは、路頭に迷うことなくやっていけるでしょうか。

さらに想像をたくましくすれば、ずっと先延ばしにしてきた案件から、ごく些細なことまで、気がかりなことがいくらでも出てきます。家族にも他人にも見られたくない「持ち物」の管理、自分しか知らない「隠れ資産」、できれば知られたくない「負の遺産」……。

トラブルを未然に防ぐためには、こういった**不安の種を今のうちにリストアップし、対策を打っておくことが重要**です。この本には、そのための方法が書かれています。

とりわけ、経営者の方にとって有用な内容を多く盛り込みましたが、次のような希望を少しでもお持ちであれば、誰にでも役立てていただけるようになっています。

- **自分の死後、残される大切な人たちに余計な心配をかけたくない**
- **せっかく築きあげた資産を、確実に引き継いであげたい**
- **秘密にしたいもの、恥ずかしいものは、引き継がずに処分したい**

この本には、他の本にはあまり載っていない事柄が多いと思います。ですが、**ここまで準備ができて、はじめて、ぬかりのない「最高の終活」といえる**のではないでしょうか。

早ければ早いほど、安心は増していきます。今この瞬間から、「最高の終活」への第一歩を、一緒に踏みだしてみませんか。

今回は、多岐にわたる問題点に対応するため、「税務のプロ」山本祐紀さん（税理士）、「保険のプロ」吉田泰久さん（プルデンシャル生命保険株式会社）、「法律のプロ」である私の３人で分担して執筆し、一般社団法人「社長の終活研究会」の全面的な協力のもと、この本をつくっていきました。

各方面のプロが提案する「最高の身辺整理の方法」を、ご自身の状況と照らし合せながら読み進め、上手に活用していただければ幸いです。

1

明日、あなたは死ぬかもしれない。死して何を残すか

2 家族にも他人にも見られたくない「持ち物」、管理できていますか?

3 「隠れ資産」を思いどおりに引き継ぐ

4 できれば知られたくない「負の遺産」に対処する

5 生前対策で使える！便利なシステム、スキル

1

明日、
あなたは死ぬかもしれない。
死して何を残すか?

「幸せな死」を迎えるために、今できること

「がんが、いちばん幸せな死に方だ」と言った人がいます。

がんを告知され、余命が告げられる……。

本人はもちろん、家族にとってもたいへんショッキングな出来事です。きっと、目の前が真っ暗になり、途方に暮れてしまうことでしょう。

しかし、余命宣告によって残された時間がはっきりすることで、いろいろな準備や対策をしてから死を迎えることができます。そういった意味では確かに「幸せな死に方」といえるのかもしれません。

とくに、経営者・資産家の方は、多様な資産を持ち、そして多くの責任を背負っていらっしゃるはずです。万全の準備をしておくに越したことはありません。

私の知り合いのある社長は、がんで余命半年と宣告されました。その社長は、余命を知るやいなや、会社の資産と自分の財産がどうなっているか、洗いざらいチェック

したそうです。すると、思いのほか借金の額が多く、どうにか減らそうと考え、私のもとへ相談に来てくれました。

私は生命保険金を考慮しながら、借金を減らす手立てを一緒に検討しました。その結果、個人で保証していた会社の債務返済には生命保険金をあて、自分の死亡退職金の税金対策を行い、遺言書を作成することにしました。

すべての準備を終えた社長は、息子さんの結婚式に出席し、その1週間後に亡くなりました。葬儀は、社長の準備どおりに親族だけで行われ、後日、会社主催の「偲ぶ会」が開かれました。そのときに奥さんの着る服まで、事前に決めてありました。

がんの場合は、このような死を意識しながらの準備が可能です。お世話になった人にも、お別れの挨拶がちゃんとできることでしょう。

でも、突然に死が訪れたとしたら。なんの準備も対策もできていなかったとしたら。想像するだけで恐ろしいものがあります。

死の5日前に遺言書を作成……

もっと緊急の相談を受けたこともあります。

その社長はすい臓がんの告知を受けていたのですが、いたって元気で、私も「本当にがんなのかな？」と思っていたほどでした。

ところが、ある日「もう危ないかもしれない」という電話が入ったのです。その日は別の予定が入っていたのですが、ほかの弁護士に代わってもらい、急いで駆けつけました。「あのとき、無理してでも行けばよかった」と後悔したくなかったからです。

このときは幸い、間に合いました。苦しそうに呼吸をしていましたが、意識ははっきりしていました。

事情を聞くと、現在の奥さんとの間の子どもとは別に、前妻との間にも子どもがいました。自分の死後、遺産相続でトラブルになるのが心配だったのです。

そこで私は、その場で遺言書を書いてもらうことにしました。本来、トラブル防止の観点から「公正証書遺言」が望ましいのですが、時間がかぎられていたので「自筆証書遺言」にしてもらったのです。この遺言書によって、現在の妻とその子ども、そして前妻の子どものそれぞれがどの財産を受け取るかを明確にし、会社の経営についても記してもらいました。遺言書の作成を終えた社長は「ありがとう！」と言い、私の手を強く握ってくれました。その5日後、訃報が届きました。

相続の協議では、遺言書の存在により多くのトラブルを回避することができました。もし公正証書遺言の形式をとっていたら、手続きに時間がかかって手遅れになっていたでしょう。ご遺族のみなさまからは感謝の言葉をいただきました。

あなたの乗った飛行機が墜落する！ そのとき後悔しないために

このように、タイムリミットが先にわかっていれば覚悟も準備も可能ですが、残念ながらそうではないケースが大半です。

また、「まだまだ若い、大丈夫だ」と健康を過信していると、いざという時のことは眼中にありません。ある日突然、交通事故に遭って命を落とすかもしれないのに。

想像してみてください。自分が乗っている飛行機がアクシデントに見舞われ、機長から「当機は墜落します」とアナウンスされたとしたら……死が目前に迫るなかで、あなたの脳裏によぎるものは何でしょうか?

自分のすべてを懸けて守ってきた家族や会社のことが気にならない人はいないでしょう。「あれがしたかった」「このことを○○に言っておけばよかった」と後悔ばかりが募ると思います。

強固な組織をつくりあげたので「もう自分がいついなくなっても大丈夫」という方、大丈夫でしょうか。あなたしか知らない大事なことがあるのではないでしょうか。

そんな悲しい結末を、元気なうちに対策をとることで未然に防いでおこうというのが、この本の目的です。

「自分が死んでも、何をどうすればいいか、すべて頼んであるので大丈夫だ」

こうした安心感につつまれて死んでいけるよう、今から準備しておきましょう。

突然、脳梗塞に襲われた知り合い

会社役員をしている私の知り合いは、ある日突然、脳梗塞に襲われました。

交差点で倒れたところを近くのコンビニから出てきた人がたまたま見ていて、すぐに救急車を呼んでくれました。そのおかげで九死に一生を得て、後日、元気に退院することができました。医師からは「救急車が来るのがあと20分遅かったら命も危なかった」と言われたそうです。まさに生と死は紙一重でした。

彼は、ＩＣＵに入っているとき「あれをやっておかなければいけないのに」「あの件はどうなっているのか?」と心配事ばかりが頭に浮かんできたといいます。

じつは、彼には奥様には言っていない、婚姻前に生まれていた隠し子がいました。退院後、隠し子にも財産分与できるよう、私のところに相談に来ました。その子どもを生命保険の受取人にして遺留分を放棄（第5章参照）してもらうことで問題を解決することにしました。

もしあのとき、倒れたのが交差点でなかったら。そのままあの世に行ってしまっていたら……夢の中でそんなことを考え、夜中に目を覚ましてしまうことがいまでもあるそうです。

突然死はあなたの身近に

突然死には、いくつかの定義があります。国連の機関・WHO（世界保健機関）の定めるところでは「発症から24時間以内の予期せぬ内因性死《ないいんせいし》（＝病死）」となってい

ます。定義によっては、症状が起こってからの時間を短く限定しているものもありま
す。もし、発症後すぐに意識を失い、丸一日を超えて死亡が確認されれば、少なくと
もWHOの定める「突然死」には該当しないということです。
ただし、これはあくまで医学的な定義です。
この本では「突然死」を文字どおりに解釈し、先ほど例に挙げた飛行機事故や自動
車事故、天災、はたまた殺人事件といった不慮の理由による死亡も含めて「突然死」
の語を用います。亡くなる理由がどうであれ、ご本人も、まわりの誰もが予想できて
いないなかでの死は、結果として「突然の死」であることには変わりがないからです。
日本全国で、どのくらいの人たちが突然死しているのでしょうか。23ページの**図1**
は、日本人の年間の死亡者数を、死因別に分類したものです。このうち、この本で言
う突然死に関係が深いと思われる項目を、青い色で色分けしました。
突然死の中で最も多いのが、心臓の病気（心疾患）が原因となる「心臓突然死」で
す。この統計でも、全体で2番目に多い死因です。急性心筋梗塞、心不全などがこれ

に含まれます。

心臓の病気で亡くなる人は、交通事故の死亡者よりもはるかに多いのです。

この現実を、あなたはどう受けとめますか。もはや、自分には関係のない話とは思えないのではないでしょうか。突然死は、あなたの身近にあります。

死後の準備は誰に相談すべきか

そうはいっても、経営者の方はみなさん、多忙な日々を過ごしていらっしゃいます。すべての作業を自分で行おうとすると、時間も手間もかかってしまいますから、効率的とはいえませんね。死後の準備のサポートをしてくれる適任者は、どこかにいないでしょうか。

まず思い浮かぶのは、会社で依頼している顧問の弁護士や税理士です。普段からな

図1 日本人の死因別死亡者数（青字＝突然死に類するもの）

※数字の単位は「人」。厚生労働省『平成27年（2015）人口動態統計（確定数）の概況』より作成

第1位	悪性新生物／370,346 ★がん　など
第2位	心疾患／196,113 ★急性心筋梗塞／37,222　心不全／71,860 不整脈／30,300　など
第3位	肺炎／120,953
第4位	脳血管疾患／111,973 ★くも膜下出血／12,476　脳内出血／32,113 脳梗塞／64,523　など
第5位	老衰／84,810
第6位	不慮の事故／38,306 ★交通事故／5,646　不慮の窒息／9,356 転倒・転落／7,992　不慮の溺死・溺水／7,484　など
第7位	腎不全／24,560 ★急性腎不全／3,571 など
第8位	自殺／23,152
第9位	大動脈瘤・解離／16,887
第10位	慢性閉塞性肺疾患（COPD）／15,756

▼

現代人にとって、「突然死」は非常に身近

んでも相談できるという関係であれば、相談してみるのもよいと思います。

保険の外交員に話すのも手です。こちらもやはり、つきあいが長く、プライベートなことを普段から話しているのであれば、相談に乗ってくれるでしょう。内容によっては、経験豊富な弁護士や税理士に話を通してくれるかもしれません。

気がかりな点もあります。それは、会社でお願いしている専門家にプライベートなことまで握られたくないと考える社長さんが多いことです。なにかと利害関係がからんでくるからでしょう。

私たちのところに初めてお越しになる社長さんには「資産関係、保険関係、契約関係を第三者にわかっておいてもらいたい」という方が多くいらっしゃいます。会社とはいっさい関係のない第三者のほうが、気兼ねなく相談できるのかもしれません。

弁護士や税理士、保険会社。頼りになるけれど……

経営者のなかには、家族などの身近な人にはなかなか相談しにくい秘密を抱えている方が少なくありません。利害関係のからむ会社関係の人には、なおさら知られたくないでしょう。それならば、信頼できる第三者の専門家に、ビジネスライクに相談するほうが安心です。

先ほど、遺言書を書いて5日後に亡くなった方を紹介しました。その方の相続の協議の場に呼ばれた際、「生命保険会社の人も呼んでいるので、一緒に話を聞いてほしい」と言われました。

作成した遺言書に基づいて、保険金がどうなるか保険会社の人に確認してもらい、いちばんよい方法を考えてもらいたいということだったのです。非常に賢いやり方といえます。私たちは保険会社の担当者と打ち合わせ、死亡保険金は会社が受け取り、死亡退職金や弔慰金として税金がかからないようにアドバイスをさせてもらいまし

図2 本当に頼りになる「専門家」とは……？

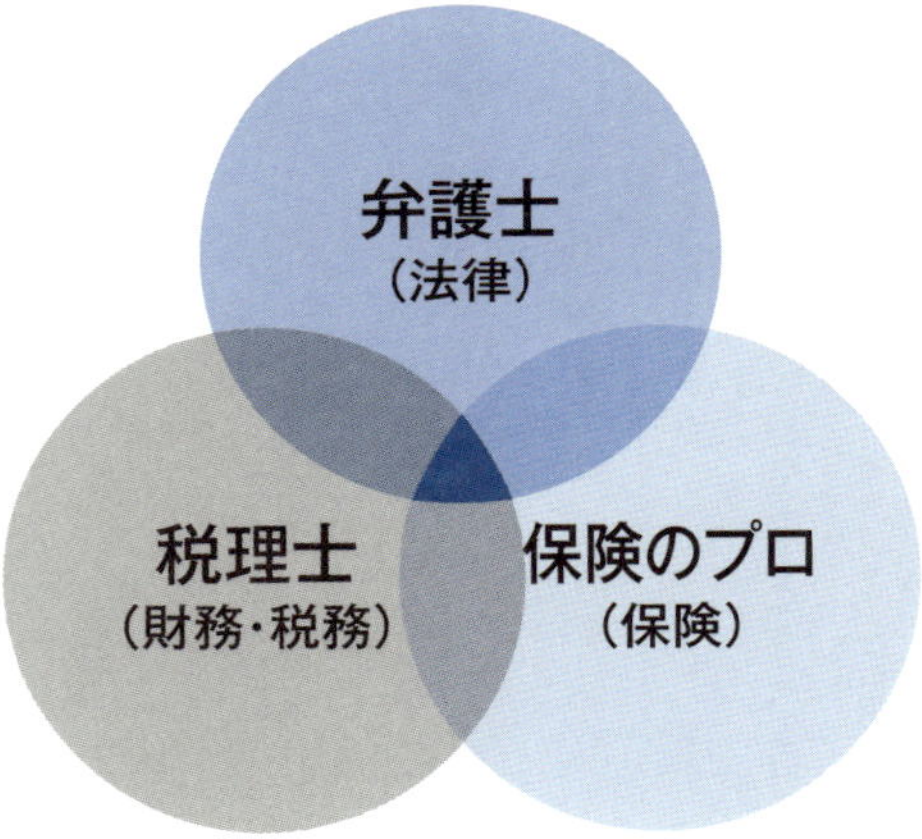

三者が連携できる環境が、最も理想的

た。

相続問題の解決には「弁護士」「税理士」「(生命) 保険会社」が複合的に関わってきます（**図2**）。この三者は必須の存在といえます。つまり、三者が連携することができれば、より効果的に、より短時間で突然死への備えをすることが可能となります。人はいつ亡くなるかわかりません。事前にシミュレートして、準備しておこうというのが、この本のねらいです。

2

家族にも他人にも見られたくない「持ち物」、管理できていますか？

確認する・並べる

自分の「持ち物」を「棚卸し」

あなたは、ご自分にはどれだけの「持ち物」があるか、把握できていますか？

引っ越しなどで荷物を片づける必要に迫られ、あまりの物の多さに嫌になった経験を持っている人も多いでしょう。

この本でいう「持ち物」とは、物理的に形のある物にかぎりません。銀行の預貯金や保険金、インターネット上のデータなど、形のないものを含めて、すべてご自身の「持ち物」と考えてください。

これらは、なんらかの契約を結ぶことで、あなたの持ち物となっています。逆に言えば、あなたの死後にその契約を解除したり、誰かに引き継ぐなどの手続きが必要になるのです。

たとえば、契約を解除せずそのまま放置しておくと、年会費や更新料などの費用が発生し続けるものもあります。本人が亡くなっても、契約が解除されたり、口座が凍結されないうちは自動で引き落としが続いていくのです。

あなたが突然亡くなったときには、残された人がそれらの持ち物を整理することになります。ところが、故人がどんな会社と、どんな契約を結んでいたのか知るすべがなければ、遺族は途方に暮れてしまいます。

自分にはどんな「持ち物」があるのかチェックし、対策を講じておきましょう。

持ち物のカテゴリーとしては「預貯金」「預貯金以外の金融関係」「不動産」「保険」「その他の各種契約」などが挙げられます。また、プラスの資産だけでなく、マイナスの「負債」も「持ち物」です。思わず目をそむけたくなりますが、現実を受け止めましょう。

ぜひチェックしていただきたい項目を、次ページ・**図3**にざっと挙げてみました。

この本では、これらすべての心配ごと・悩みごとをひとつひとつ潰していきます。

その他の各種契約

□クレジットカード
□固定電話
□携帯電話
□衛星テレビ・ケーブルテレビ
□インターネットのプロバイダー
□メールアドレス
□SNS関係（Facebook・Twitter・LINE・Instagram他）
□ブログ・ホームページ
□ネット通販・オークションの口座
□個人的なリースやレンタル契約
□公共料金の引き落とし口座
□特許権
□著作権
□ゴルフ会員権
□航空会社のマイレージ
□自動車の名義
□墓地
□貸金庫、トランクルーム

<債権>

□銀行等からの借入金
□住宅ローン
□カードローン
□個人からの借入金

自分がどの会社と、どんな契約を結んでいるのか、はっきりさせる！

図3 チェックリスト あなたの“持ち物”は？

＜資産＞

預貯金
□都市銀行・地方銀行・信託銀行の預金
□信用金庫・信用組合・労働金庫の預金
□郵便局の貯金
□農業協同組合（農協）等の貯金
□外国の銀行への預金
□タンス預金

預貯金以外の金融関係
□証券会社の株式・債権・信託投資
□ネットバンク・ネット証券
□貸金庫
□貸付金
□外国の証券会社等の口座
□社債・国債
□未上場会社の株式・未上場会社の社債

不動産
□国内の不動産
□海外の不動産
□リゾートホテル等の会員権（国内・国外）

保険
□生命保険
□簡易生命保険（かんぽ生命保険）
□損害保険
□自動車保険
□団体信用生命保険（団信）
□海外の保険会社の保険

心配・悩みをすべてなくすためには……

あなたの〝持ち物〟整理の手順

・**確認する・並べる**…自分の現状を漏れなく把握する

・**やめる・整理する**…無駄な契約や、トラブルの種になる要素を取り除く

・**まとめる・残す**…自分だけでなく、残された家族も把握できるよう、くまなくリストアップし、対処法を示す

・**頼る・託す**…家族や信頼できる第三者（専門家）に頼る。遺言書や遺産分割協議書の案を作成する

やめる・整理する ①

預金通帳のチェック

「自分が、どの会社と、どんな契約を結んでいるのか、はっきりさせる」

これが持ち物チェックの基本、第一歩となります。

その足がかりとなるのが、メインバンクの通帳や、メインで使用しているクレジットカードの利用明細です。これらに記録されている引き落としの項目をひとつひとつ追っていくことで、保険、ネット関係、その他もろもろの契約の存在や取引状況を突き止めることができます。毎月の使用料や毎年の更新料が、それにあたると考えられるからです。

これは、私たち弁護士が相続のお手伝いをするときの常套手段ですが、ご本人にとっても、すっかり忘れていた契約を思い出す手がかりになります。

最近のネットバンクや外資系の金融機関では、最初から通帳がつくられないケースもあります。株式取引の株券・証書に関しても、２００９年に紙媒体が廃止となり、取引の主流はウェブ上に完全移行されました。株式の保有状況もインターネットで一元的に管理されています。

こういった、取引がインターネットで完結している契約や、そういった口座の履歴からたどれる契約についても、忘れずにチェックしておきたいものです。

私たちが依頼を受けた相続の案件では、妻あての遺言書に、銀行一行分の預金が記されていました。そのため、預貯金はその口座にしかないと当初は思われました。ところが、亡くなった方の部屋を調べてみると、本棚から別の銀行の預金通帳が複数見つかったのです。残高の合計額は、なんと数千万円にものぼっていました。

わざと遺言書に記載しなかったのかもしれませんが、その理由はこれといって考えられません。信じがたいことですが、遺言を書く際、その人の頭の中からは、数千万円のもの預金の存在が抜け落ちていたのでしょう。

生前に、自分の持ち物を洗いざらい整理する機会が設けられていれば、きっと預金のことを思い出せたはずです。残された奥様が複雑な思いを抱くこともなかったでしょう。

比較的把握が簡単と思われる銀行の口座でも、現実にはそんなことがあるのです。

やめる・整理する❷

契約の見直し

携帯電話やインターネットに付帯する契約が、そのままになっているケースもよくあります。

たとえば、「はじめの1か月は無料です」などと言われて加入したままになっている携帯電話のオプション契約。「携帯電話本体と一緒なら無料」という話で契約し、無料期間が過ぎていつのまにか有料期間になっているタブレットやルーター。思い当たるふしはないでしょうか。

あまり使っていないのに、毎月の通信料と一緒に引き落とされていて、オプション契約の存在に気づいていないこともよくあります。解約しようとしても、違約金が必要となることがあります。

とくに、携帯電話の契約は2年ごとの更新で、以前は1か月しか無料で変更できる期間がなく、その期間以外に解約すると高額な違約金が取られてしまうことが問題になりました。

現在は無料の契約変更期間が2か月に延長され、事前にメールで連絡も届くようになっていますが、それでも、忙しくてついうっかり忘れてしまっていたり、そもそも「2年縛り」の意味がよくわかっていない方もいることでしょう。

利用明細や会員規約をチェックし、わからないことがあれば問い合わせましょう。

まとめる・残す

貸金庫からSNSまで、くまなくリストアップ

「終活」といえば、最近は「エンディングノート」を準備する人が増えています。

エンディングノートは、故人の思いを伝えるためには確かに優れたツールです。

しかし、それよりも前に、争いごとの種を残さぬよう、自分の持ち物をまとめあげておくことのほうが先決なのではと思います。

自分の持ち物については、自分で把握しておくだけでなく、自分の思うように引き継げる状態にしておくことが大切です。「伝える」という目的さえ果たせるのならば、形式は問われませんから、もれなくリストアップし、対処法まで記して保管しておきましょう。

もちろん、第5章で詳しく触れる遺言書・遺産分割協議案の文面や、死後事務委任契約、成年後見人制度の契約内容にこのリストを盛り込んでおくことは、非常に確実性の高い有効な手段といえます。

リストでは、持ち物だけでなく、それを処理・運用するための情報も必須となります。貸金庫を開けるためには暗証番号が必要になりますし、ウェブメールサービスなど、インターネット上で行われるサービスの多くにはログインＩＤ・パスワードの入力が求められます。これらをまとめたアカウントリストを作成しておき、万が一の場合にはアカウントを削除してもらえるよう、そのリストと処遇を誰かに託しておくのもよいでしょう。

意外に見落としがちなのが、SNS(ソーシャル・ネットワーキング・サービス)やホームページ、ブログやウェブメールサービスのアカウント管理です。

なかでもFacebookは、卒業以来、久しく会っていない学生時代の友人の近況を知ることができ、気軽にメッセージのやりとりを楽しめるので、中高年世代にも広く活用されています。

そのFacebookには「友達」の誕生日を教えてくれる機能があります。そのため、ときには、相手がすでに亡くなっていることを知らずに「誕生日おめでとう!」とメッセージを送っている光景を目にすることがあります。

3年も前に亡くなっているのに、「おめでとう。元気ですか?」などというメッセージが書き込まれているのを見ると、つらくて仕方がありません。本人も成仏できないのでは、とすら思えてきます。

遺族がアカウントを削除することなく、そのまま放置しているために、このような事態になってしまうのです。

趣味や仕事で、SNSが広く普及している時代です。Facebookをはじめ、TwitterやLINE、Instagramなど、複数のSNSのアカウントを持っていたり、ホームページやブログを開設していませんか。

もしご遺族がログインできれば、ウェブ上の知り合いに自分の死を告知してもらうことも可能になりますから、忘れずに気を配っておきたいものです。

頼る・話す

専門家を上手に活用する

不要なものは解約し、ひとつにまとめてシンプルにする。シンプルにしたものを引き継ぎやすいように記録に残す。これが理想形ですが、現実にはなかなかうまくできないものです。

私自身、つきあいでつくったクレジットカードを何枚も持っていますが、それらを解約するための手間や時間を考えるだけで、うんざりしてしまいます。ネットや郵送での手続きだけでも面倒なのに、身分証明書を持って窓口まで足を運ばないと解約できないものもあるからです。

いうまでもなく、自分が結んでいる契約関係をしらみつぶしに確認・整理するには、まとまった時間と相応の手間がかかります。

手助けする人がいれば、自分でもやろうという気になるかもしれないけど、誰も教えてくれない、手助けしてくれないとなれば、結局、何もしないまま突然死、ということもありえます。

3

「隠れ資産」を思いどおりに引き継ぐ

あなたの「隠れ資産」をチェック！

会社や家族には黙っていて、自分しかその存在を把握していない。そんな資産のことを一般的に「隠し資産」と呼びますが、この本ではあえて「隠れ資産」という表現を使用しています。

資産の存在が明るみにされない理由は、百者百様です。ところが、隠そうという意図が最初からなくても、あなた以外に誰も知らないのならば、その資産は結果的に「隠れて」しまいます。

たとえば、孫が結婚するときにプレゼントしようと思い、海外の銀行に外貨預金をしている場合。サプライズのために秘密にしておくのはけっこうですが、問題点がひとつあります。

それは、海外の銀行口座には通帳がない場合が多いということです。さらに、お金を預けっぱなしにしていれば、銀行からの郵便物が届くこともありません。遺品を整理しても、通帳はおろか口座の存在を示す手がかりすら見つからないのです。また、もし本人の思いどおりにプレゼントできるとしても、贈与税の問題も考慮しておかなければなりません。

こういったケースも含めて考えていただきたいため、「隠し資産」ではなく「隠れ資産」の語を使うことにしました。ですので、「自分には、やましいことなぞない！」という方も、一緒にチェックしていただければ幸いです。（もちろん、隠している自覚のある方にとっては必見です）

第2章のチェックリストでは、公明正大に自分の資産だと言えるものから、あまり人には知られたくないもの、絶対に隠し通したいものまで、さまざまな性格の資産がカバーされていると思います。また、あなた自身がその存在を忘却し、気づかないままでいる資産がないとはいいきれません。

この章では、あなたが意図して隠している、あるいはあなたしか存在を知らず、結果的に隠れてしまう「隠れ資産」の問題点を挙げていきます。

隠れ口座①

故人の口座は簡単に引き出せない。だからいますぐ通帳整理

故人の銀行口座から預金を引き出したり、口座を解約することは、遺産分割が成立していないかぎり、基本的に不可能です。

遺産分割の成立後でも、相続人全員の同意が必要となります。もし連絡の取れない相続人がいれば、それぞれの口座について遺産分割の調停を裁判所に申し立て、調停が成立しなければ、審判を受けなければなりません。

たとえば、10万円の残高がある故人名義の預金口座を、全部で10人いる相続人のうちのひとりが見つけたとします。この口座を解約するためには、10人全員分の戸籍謄本と印鑑証明、同意書が必要です。「面倒だから、もういらない」という気持ちになっ

てもおかしくありません。

本人が口座の存在を忘れていたばかりに、家族に知られることなく「隠れ口座」になってしまう事態もしばしば起こっています。

こういった見つけられずに放置された口座は「休眠《きゅうみん》口座」となり、そのまま預け先の銀行のものになります。「休眠口座」と呼ばれるのは、最後に入出金を行った日や定期預貯金の満期日から一定以上の期間（銀行では10年、ゆうちょ銀行では5年）が経過し、かつ預貯金者本人と連絡のつかない口座です。休眠口座の預金総額は、国内全体で毎年800億円以上にものぼるそうです。このなかには「隠れ口座」の預金額が相当数含まれていると思われます。

日本の銀行では、10年以上経った休眠口座でも、適切な手続きさえ行えばお金を引き出すことができます。一方、海外の金融機関には、1年間入出金がないと口座がクローズされてしまい、取引を再開するには改めて手続きが必要になるところもありますので注意が必要です。

また、あなたが持っている口座は、現在のメインバンク以外にもあるはずです。ご自分の金融機関、銀行・証券会社の口座を、いまのうちに洗い出して起きましょう。そして、使用頻度の少ない口座や少額の口座は解約してしまいましょう。

隠れ口座②

子や孫など、自分以外の名義の口座

家族にお金を残してあげたい、相続税対策をしたいといった理由から、子どもや孫などの名義で口座をつくり貯金することが、広く行われています。これを「借名《しゃくめい》口座」といいます。税制上の考え方では、借名口座は、その名義人が口座の存在を知らなければ、その口座をつくった人（お金を預け入れた人）の資産と見なされるのですが、その性質上、口座の存在を名義人には秘密にしているケースが多いようです。休眠口座となるリスクが高いのは、借名口座の宿命ともいえます。

せっかくの気持ちを無駄にしないためには、確実に引き継ぐための準備が必要です。どのように引き継ぎたいかシミュレートし、できれば、事前に口座の存在を引き継ぎたい相手に伝えておくとよいでしょう。

参考までに、私が相談を受けた事例をお話ししましょう。事業がうまくいかず、自己破産をせざるをえない状況におちいっていたAさんの実例です。

Aさんのお祖父さんは、孫の可愛さから、Aさんが小さい頃からAさん名義の口座をつくってくれていました。お祖父さんはある上場企業の実質的なオーナーのひとりでもあったので、口座の残高は5000万円もありました。

その5000万円は、すべてAさんのお祖父さんが預金したものですから、実際はAさんのものではないという解釈もできそうです。贈与税の問題はさておき、もしAさんのものだったとしても、Aさんが自己破産すれば債権者に分配されてしまうかもしれません。心配したAさんは「どうにかしてこの5000万円を守りたいのですが、方法はないでしょうか」と泣きついてきました。

まぎれもなく口座の名義人はAさんです。このままでは、5000万円が分配の対象になる可能性が高いと思います。

私たちは、Aさんには、リスクはあるものの、祖父の実質的な預金であり、Aさんの預金ではないとして破産することを提案しました。

さらに、祖父の実質的な預金であるという証拠をそろえました。例えば祖父がすべて預金通帳、カード、印鑑を管理しており、祖父が本預金の原資を入れていることの証拠をそろえるとともに、祖父とAさんとの間で「A名義の預金であるが、祖父がすべて出捐《しゅつえん》したものであり、祖父の実質的な預金であることを認める」覚書を締結しました。

上記証拠をそろえた上で、5000万円の預金はAさんは持っていないとしてAさんは自己破産しました。最終的に破産管財人と話し合い、5000万円のうち、500万円を祖父が破産財団に拠出することで和解が成立し、4500万円は守ることができたのです。もし、Aさんをはじめとするご家族が最初からこの口座に気づかず、破産をしていたら、5000万円すべてを取られ、ひどいことになっていたのではとも考えられます。

隠れ口座③ インターネット上の口座

すでに触れたように、海外の口座の注意点は、ネット上でのやりとりにかぎられることが多く、通帳もなければ郵送物も届かないという点でした。

海外の口座以外にも「ネット上のやりとりのみで管理する」性格の資産がいくつかあります。最たるものが、ネットバンクやネット証券の口座です。

ネットバンクやネット証券のサービスは、手数料が安価もしくは無料で、ネットがつながる環境にいれば24時間いつでもどこでも利用できるので、とても便利です。

なかには定期的に郵便で明細を送ってくれる会社もありますが、連絡手段をメールに一本化していたり、メール連絡をデフォルト（標準設定）にしていて、希望者だけに郵便で通知しているところが多いようです。

このようにペーパーレス化・効率化をはかることで、これらのサービスは、従来よりも手数料を抑えることができています。そのため、郵便での通知には手数料が別途必要となるケースもあり、結局、連絡方法はメールに絞られてしまいます。

また、口座の存在を家族に内緒にしたいため、あえて郵便での連絡を断り、メール連絡のみに設定していることもあるでしょう。

メールでしか連絡が来ないのであれば、いうまでもなく、そのメールアドレスに届くメールをチェックできなければ、口座の存在を知るすべはありません。チェックできる状態にあったとしても、メールの見落としや、迷惑メールへの誤った振り分けによって、口座の存在自体を忘れていることも考えられます。

ＩＤやパスワードを忘れてしまった場合、その旨を問い合わせれば対処法を教えてもらえますが、本人でない場合、セキュリティの面から手間がかかってしまうこともあります。

隠れ口座④ FXの口座も要注意

資産運用の手段として、FX（外国為替保証金取引）投資を行っている方もいらっしゃるでしょう。

FXも、やはりネット上を取引の中心としています。FXの市場は、月曜日の朝から土曜日の朝までずっと動いています。少し見逃していると、その間に為替相場が大きく変動していることがあり、驚かされます。

ご経験のある方ならばよくご存知と思いますが、投資をしている最中、ちょっと目を離したすきに大きくもうけていた、逆に、大損したことをあとから知る羽目になったという事例は、ＦＸにおいてはけっしてめずらしくありません。

ＦＸ投資をやっているということを家族が知らないままあなたが亡くなったら、しかも、取引を行ったままだったら……せっかくのお金がどんどん目減りしていくことになりかねませんね。気づいたときには、元本の何分の一かになっている恐れもあります。

もちろん、儲けが出ている可能性もありますが、そもそも、口座の存在を知らなければ、その利益を遺族が手にすることすらできません。

隠れ口座⑤

海外のカジノにある「預金」

「隠れ口座」の番外編として、「事実上の預金」ともいえる特殊な例に触れておきます。

富裕層には、海外のカジノで遊ぶのが好きだという方が多くいらっしゃいます。

海外のカジノには、高額の現金をプールしておけるシステムがあります。いちいち両替したお金を持っていかずにすむだけでなく、ＶＩＰ待遇が受けられるために、非常に人気の高いサービスです。

ＶＩＰになれば、飛行機やホテルの手配、空港からホテルまでの送迎や現地での食事まで、すべて先方持ちで遊ぶことができますから、日々のストレスから解放されて、羽を伸ばすにはうってつけの環境です。

そのため、カジノでもうかったとしても、その分を日本へ持ち帰らず、また次に遊びに来るときのための資金としてプールしておくことも多くなります。

そんなカジノのプール金の存在は、その性格上、家族には内緒にされがちですが、同時に大切な資産の一部であることには違いありません。早めに引き上げておきましょう。

また、ギャンブルでのもうけは、日本の税法上、一時所得になります。一時所得は比較的税優遇されているので、ちゃんと申告しておきましょう。そうすることで、少なくとも税理士には海外財産の存在を知らしめられるため、「隠れ財産」になることを防げます。

隠れ株

名義株の整理

すでに触れたとおり、保有されている上場株式はウェブ上で一元管理されています。ですから、自分がどんな株式をどれくらい持っているかを把握することは、そう難しくありません。

株式で注意が必要なのは「名義株」です。株主名簿に載っている株主と実際の出資者が一致していない、名義貸し状態の株式を名義株といいます。

実際の出資者が本当の所有者ですが、株主名簿には記載されないので、名簿からはわかりません。さらに、多くの場合、出資金の出所に関する証拠、つまり実際の出資者の手がかりも残されません。あくまで、名義を借りた人・貸した人との間で合意があるだけです。

２００６年の新会社法施行により、出資者・取締役が１人でも株式会社の設立が可能になりましたが、それまでは高いハードルが設けられていました。１９９０年の商法改正以前は、株式会社の発起・設立には発起人（＝お金を出資し、会社になったあとは株主になる人）が最低７名も必要でした。

こうした事情から「金はオレが出すから、名前だけ貸してくれないか」というやりとりが行われました。そのような経緯で設立された会社には、現在でも株主がぴったり７名で、名義株ばかりだという例がめずらしくありません。

また、本来あってはならないことですが、「創業融資制度」を利用するために、すでに会社を経営している経営者が、他の人を株主にして新しい会社をつくるケースもあります。創業融資制度は、新たに事業を始める人や事業を始めてまもない人が、無担保・連帯保証人なしで融資を受けられる便利な制度です。

株主として表立って名前が出ることを嫌い、ほかの人から名義を借りる行為は、やはりあってはならないことですが、実際にはしばしば見受けられるケースといえます。

このようにして、名義株の問題が発生してきました。

所得税に関する通達によれば、所得税には「資産から生ずる利益を享受する者が誰であるかは、その利益の起因となる真実の権利者が誰であるかにより判定をすべきだが、それが明らかでない場合には、その資産の名義人が真実の権利者と推定する」と言うルールがあります。言い換えれば、「真実の権利者」が誰なのかをはっきりさせておく必要があります。

あなたが名義株の実際の出資者であり、かつその株を遺族に継がせたいと思うのならば、株式名簿上の名義人から自分に名義変更する必要が出てきます。

かつて出資した会社が順調に成長し、大きな資産を築いていれば、名義変更の対価は高額になってしまうかもしれません。逆に、当人どうしの関係性によっては、快く無償で名義変更に応じてくれるかもしれません。

名義株の問題は、名義を借りた人・貸した人の双方に判断能力があるうちに片づけておくことが望ましいでしょう。どちらかが亡くなってしまうと「言った」「言わない」で問題がややこしくなってしまいます。

出資者であるAさんからの依頼で、名義株を持っているBさんとの間に書面を交わしたことがあります。「Bさんが持っている株式の実質的な所有者はAさんです」という内容を、確認書として文書化したのです。

名義変更をする選択肢もありましたが、今後、相続が発生した際に、Bさん以外の名義株の持ち主も含めてまとめて整理することにしました。これにより、株式の贈与や譲渡の発生が避けられるメリットがあったためです。

もちろん、最初から書類が交わされていれば、問題は最小限に抑えられました。書類の中に「株式の名義はいつでも変更できる」という項目が盛り込まれていると、より好ましかったでしょう。

あとになってから書類をつくる場合は、「名義はBさんであるが、実質所有者はAさんであることを確認する」という項目を入れておきましょう。

自分の死後、名義株や会社が名義を貸している相手のものになっても構わないのであれば、こういった策を講じておく必要はありません。

隠れ生命保険①

受取人が申請しなければ、保険が下りることはない

家族に内緒で生命保険に加入し、受取人に対しその資格があることを隠している場合はどうでしょうか。契約者が勝手に決めたことですから、当然、受取人本人も自分

がそうであることを認識できていません。

被保険者が亡くなったときは、受取人が保険会社に保険金支払いを請求することで、はじめて保険金が支払われます。原則として、保険会社のほうから受取人に知らせる義務はありません。受取人の権利なので、受取人が請求する必要があるのです。

「ある日突然、通帳の残高が増えていた。父の生命保険金だった」などという美談は、現実にはありえないのです。

したがって、受取人には「○○社の生命保険に入っていて、あなたが受取人になっている」「もしものときは、あなたから保険会社に請求すること」と話しておかないと、せっかくの保険金を受け取ってもらうことができません。

10年ほど前、保険金の不払いが社会問題となりました。その影響で、今日では被保険者の死亡が判明した際、保険会社が受取人の連絡先を調べてくれる場合もあります。ところが、契約書には受取人の住所や電話番号が書かれていないため、実際には受取人までたどり着けないことが多いのが実態です。

実例をひとつ、見てみましょう。

生命保険に加入の女性が離婚し、受取人を元夫から実の妹に変更しました。離婚後、その女性は都内のマンションで一人暮らしを続け、やがてがんで亡くなりました。

女性の死を知った保険会社の担当者は、受取人である妹さんの連絡先を知らないことに気がつきました。知っている連絡先は、女性の住んでいた都内のマンションの住所と電話番号だけです。

さて、妹さんの連絡先はどこに聞けばわかるのか？

入院先はわかっていたので、まずは病院に「生命保険の保険金を支払う関係でご家族の連絡先を教えてほしい」と事情を説明して尋ねました。

ところが、案の定、「個人情報なので教えることはできません」の一点張りです。

困り果てた末に、担当者は「生命保険の件で連絡を取りたい」という旨を手紙にしたため、マンションの郵便受けに残していきました。その後、群馬県に住む妹さんが部屋の後片づけに訪れ、無事、連絡をもらうことができました。

このように、保険の担当者が機転を利かせて動いてくれることも時にはありますが、基本は受取人本人に認識しておいてもらうべきものだと覚えておいてください。

隠れ生命保険❷
受取人は適切か

もし保険金の受取人が離婚した奥さん（前妻）のままになっていれば、再婚していたとしても、現在の家族は保険金を1円も受け取ることができません。全額が前妻の手に渡ることになります。その前妻が亡くなっていると、今度は前妻の相続人が受取人になってしまいます。

生命保険の受取人が適切かどうかは、必ずチェックしておくようにしましょう。夫婦間であればお互いの生命保険についてわかっていますが、子どもとなると、意外なほど情報共有ができていないものです。子どもが小さいうちに加入していた場合などはとくにそうです。

最近は、トラブル防止の目的もあり、「家族登録」を勧める保険会社も出てきています。契約者だけでなく、受取人の情報も把握しておこうという姿勢ですが、まだまだ徹底されているとはいえません。住所変更があった場合に届け出を怠ってしまうと、その保険会社が受取人に連絡をとる手段は途絶えてしまいます。

やはり、本人どうしの間で伝達を行うのがいちばんです。「いつか話そう」と思って、そのままになっている保険はないでしょうか？

隠れ生命保険❸

外国の生命保険

日本での営業について非免許の外国の生命保険会社との間で結ばれた生命保険の保険金は、２００７年の税制改正まで、相続税の対象となりませんでした（みなし財産）。相続財産ではなく、所得税と住民税の対象になる一時所得とされていたのです。一時所得ならば相続税よりも納税額を抑えられるので、節税対策として外国の生命保険に入る富裕層が多くいました。

そうした保険で、しかもそれが終身保険であれば、ほったらかしになっていることも容易に考えられますし、ひと昔前に外国の保険のディーラーから「相続対策に」と誘われて加入したといった場合は、その契約自体を忘れてしまっているかもしれません。

また、外国の保険に入る際には外国の金融機関に口座を開くので、そこから保険料が引き落とされているはずです。日本の金融機関の口座からは引き落とされていないので、相続人が把握できていない可能性はきわめて高くなります。

しかも一時払いの保険であれば、長期の引き落としはされません。まさに「隠れ生命保険」となり、その存在を知ることは困難です。

隠れ生命保険④

生命保険の契約者と保険料負担者が違う場合

生命保険の契約者（契約を結んだ人）と保険料を支払っている人が違っている場合はどうでしょうか。例を見てみましょう。

「仕事上のつきあいで、生命保険に入ることになった。でも、自分はもう生命保険にじゅうぶん加入しているので、被保険者（保険金の保障対象となる人）を妻、契約者を子どもの名義にして、保険料は自分が支払うようにしよう」

この場合、夫が死亡しても、被保険者が死亡したわけではないので、保険契約はそのまま継続されます。

ただし、契約者と保険料を実際に負担している人が異なる「名義保険」は、途中解約したときに払い戻されるお金（解約返戻金《へんれい》）に相当する額が相続財産となるため、保険料負担者が亡くなったときには申告が必要になります。

生命保険は契約の形態によって課税関係が変わってくるので、うっかりしていると、あとで税務署に申告漏れを指摘される場合もあるので注意が必要です。

以前、この種の経緯で加入した生命保険があり、しかも保険料が一時払いならば、その存在を忘れていることも多いので確認が必要です。

隠れ物件①
実質所有・別名義の不動産

次に、不動産の場合を見てみましょう。

ある社長さんは、お金だけを出し、自分の部下に名義だけを借りて、マンションを実質的に所有していました。そのマンションには、愛人とその間にできた子ども（認知済み）を住まわせていたのです（**図4、事例❶**）。名義人の部下が体調を崩したため、マンションの名義を今後どうすればいいのかというのが、相談の内容です。

もし名義を貸している部下が亡くなれば、部下の相続人は、お金を一銭も出していないにもかかわらず、マンションの所有権を主張することができます。

もしそうなったら、愛人と子どもは安心して住み続けることはできません。「マンションの名義は故人（部下）だけど、お金を出したのは自分（社長）なので名義を返してほしい」と伝えても、裁判を起こして勝たないかぎりは難しいでしょう。

その対策として、自分がマンション購入資金を貸したことを証明する金銭消費貸借契約（金消《きんしょう》契約）を、部下との間で結んでもらいました。先述のとおり、所得税の実質所有者のルールをはっきりさせておかないと、贈与税の問題も発生します。そのため今回は、口約束ではなく、書面で残したのです。金消契約を結ぶことで、贈与税の問題をクリアにできました。

別の社長さんは、自分がお金を出して買ったマンションに、愛人との間に生まれた子どもたちを住まわせていました。このマンションの名義人は愛人です（**図4、事例❷**）。

図4 隠し物件の整理

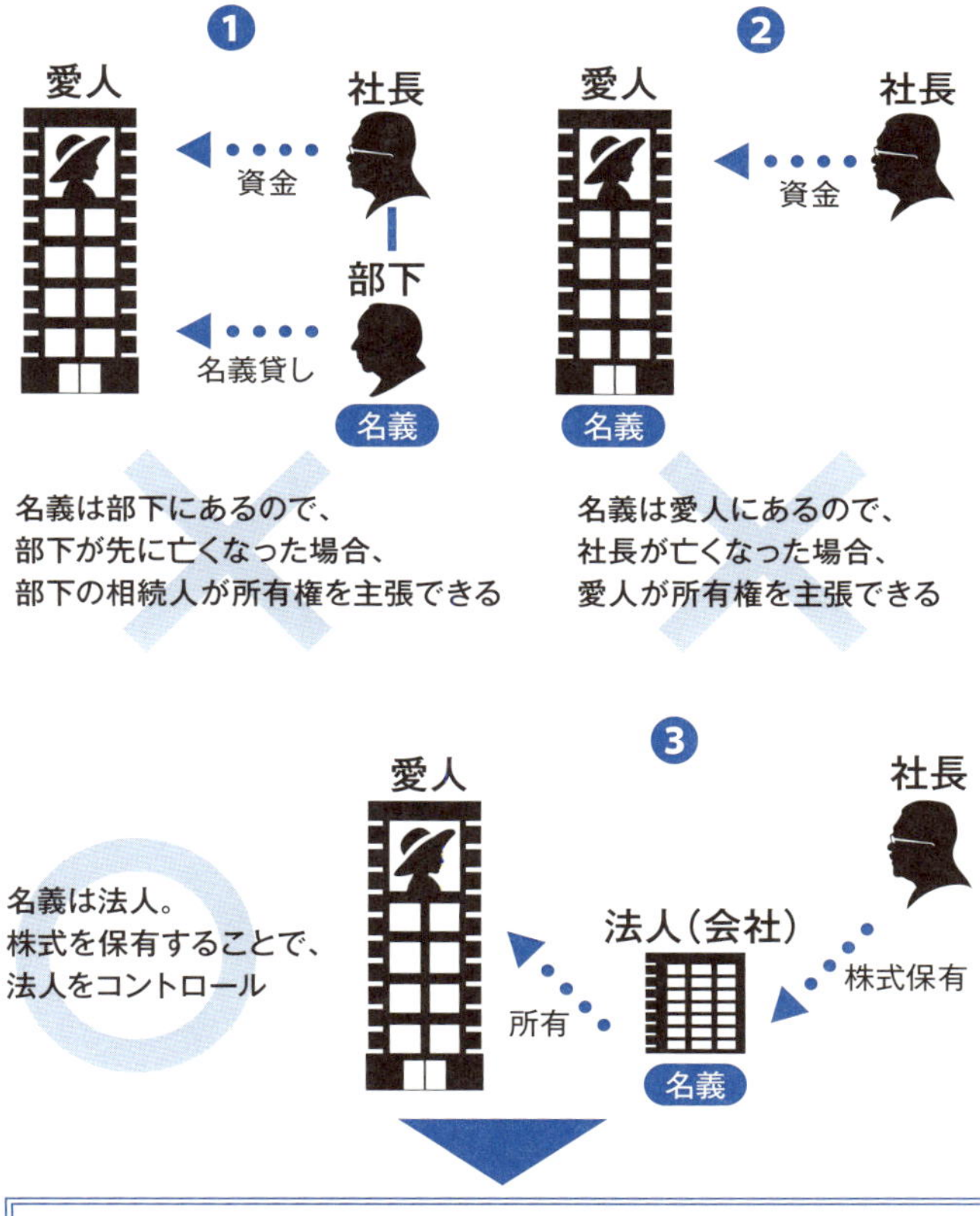
❶
愛人
社長
資金
部下
名義貸し
名義
名義は部下にあるので、
部下が先に亡くなった場合、
部下の相続人が所有権を主張できる
❷
愛人
社長
資金
名義
名義は愛人にあるので、
社長が亡くなった場合、
愛人が所有権を主張できる
❸
愛人
社長
名義は法人。
株式を保有することで、
法人をコントロール
法人（会社）
所有
株式保有
名義

「オーナー」「名義人」「住人（使う人）」を整理！

オーナー／お金を出した人

名義人／名義を持っている人

住人（使う人）／実際に住んでいたり、普段利用している人この社長さんもがんを告知されたので、自分の死後のことに関して私に相談してくれました。愛人の住む愛人名義のマンションの存在が、自分の家族との間でトラブルになることが、社長さんの大きな悩みでした。

そこで私は、マンションの購入資金を出したのは自分（社長）であるとはっきりさせたうえで、マンションを愛人に生前贈与する手続きをしてもらいました。もちろん、贈与税の負担が生じることは承知の上ですが、何よりも、家族とのトラブルを避けたかったのです。

このケースとは逆に、自分の事業が破綻したときに備えて、別人名義の「隠れ物件」にしている経営者の方もいらっしゃることでしょう。名義にしている相手にはそこまで話していなくても、自分の中ではそうしたつもりである場合もあります。事情はさまざまです。

隠れマンションを持つ場合、自分の名義にしたくないのであれば、別の個人の名義とするのではなく、法人名義にしておく手段にも一考の余地があります（**図4、事例**

❸)。自分が経営している会社とは別法人でもかまいません。

その法人の株式をあなたが保有すれば、物件を自分のコントロール下におくことができます。個人名義と異なり、自分や名義人が亡くなったときにトラブルになる心配もありません。

隠れ物件❷ 海外の不動産、タイムシェア

海外に不動産をお持ちの方は、ぜひこの機会に詳しく調べていただくとよいと思います。制度や商慣習の違いを正確に把握しきれておらず、自分の認識と事実が異なっている場合がありえるからです。

最近では、フィリピンやベトナムなど成長の著しいアジア各国に、投資用の不動産

を購入する方が増えています。「確実に値上がりする、もうかる」と押し切られて購入し、詐欺に遭っている方も多いようですが……。

これらの投資用不動産は、国によっては所有権ではなく使用権しか売買できないケースもあるので、要注意です。「日本と同じ感覚で所有権だと思い込んで購入したが、よく確かめてみたら使用権しかなかった」といったことがありえます。

自分では資産価値があると思って残したのに、いざ相続となったときに「資産価値はゼロ」では、残された人にとってもショックです。専門家に調べてもらうのもひとつの手です。

また、海外不動産とは異なりますが、近いものとして、海外の高級ホテルの一室を複数人で分割所有・利用できる「タイムシェア」の権利があります。意外かもしれませんが、タイムシェアの権利は、日本の会員制施設の会員権と同様、相続することが可能です。

隠れ会社

乗っ取りを防ぎ、確実に引き継ぐために

「隠れ物件」の考え方は、「隠れ会社」にも応用できます。

たとえば、愛人をママにしてクラブなどの店をやらせているようなケースなど、自分の名前が表に出るのはまずいと考え、お金だけ出して、店の名義を他人にしてしまうことが多くあります。

この場合、実質的なオーナー（出資者）の死後、名義を持っている人は、容易に会社を継ぐことができます。資金の出所を知っているのがオーナーと名義人のふたりだけならば、なおさら簡単です。

トラブル防止のためには、やはり、資金の出所や株の保有に関する経緯を書面に残しておくことです。こうすれば、オーナーが突然死しても、名義人の乗っ取り行為を防ぐことができます。

最初から名義人を他人とはせず、その他人には社長の肩書きを与えるにとどめておくのもよいでしょう。名義は法人とし、その法人の株式をご自分でしっかりコントロールするのです。なにか不都合が起こっても、すぐに社長を解任できるようになります。

別のある社長は、前妻と離婚するときにしかるべき慰謝料を払ったのですが、それでも「自分から離婚を強いた」という負い目を感じていました。

前妻を金銭的に不自由な目にあわせたくないけれど、一度に大金を渡すのも心配。自分が元気なうちは慰謝料で生活してもらい、死後は財産を分け与えられるようにしておくことはできないだろうか……それが、社長からの相談内容でした。

そこで、前妻に出資をさせ、その会社に利益がプールされるよう、その社長が会社を運営しました。そして同時に、社長が亡くなったら、その会社は前妻の自由にできるようにしました。

このように、自分の家族（元家族）を株主にした会社を設立し、その会社で不動産投資を行うなどして資産の移転を図っている方もいらっしゃいます。とくに、自分の

子どもや孫のために、そういった方法がよく取られます。（なお、15歳以上であれば、子どもでも株主になれます）

ただ、出資する方が、出資をする意味やその事実をきちんと理解しておかなければなりません。さもないと、「その出資金の実質所有者は誰なのか？」という、先述の税制上の問題が生じてしまいます。

会社の存在を株主本人に伝える手段までは気がまわらないという方も多いようですが、死後事務委任契約のようなシステムを利用して、口約束ではなく書類の形で、誰かに伝言を託しておくとよいでしょう。

そして、このような社長の思惑が税金面や法律上で問題とならないようにするために、専門家の知識が必要となるのです。

隠れ資産①

社債・国債（未上場会社の株・社債）

上場企業の社債や国債は、証券会社等を通じて購入したと考えられます。その場合、証券会社等から通知や連絡が来ているはずなので、自分が持っていることを忘れないようにしてください。

注意が必要なのは、未上場会社の株式や社債を所有している場合です。経営者の仲間どうしでそれらを持ち合うこともよくありますし、管理がいい加減になっていることも多いのです。

こうした株や社債は相対《あいたい》取引（市場を介さずに当事者同士で行う取引）か、それを扱っている会社から買っていることが多く、証券会社等は関与していないために通知や連絡は来ません。

また、株券が不発行のケースも多く、その場合は、正式な書類は契約書しか存在しません。したがって、その金額を振り込んだ証拠（払込票）と契約書（株式譲渡契約書）の管理が重要になりますから、それらが保管してあるか確認しておきましょう。

購入後に上場したのを知らなかったりすると、予想外の金額の資産になっている可能性もあります。まずはその株や債権の価値を確認し、どのように処理すべきかを決めることになります。

隠れ資産❷

現金（タンス預金）

2005年に日本の民間金融機関で「ペイオフ」が全面的に解禁となりました。

ペイオフは、金融機関の経営が破綻した場合、その金融機関の口座は1000万円（とその利息分）しか保証されないという制度です。1000万円を超える分については、破綻した金融機関の財務状況に応じて弁済金や配当金が支払われます。

当時、高額の預金を持っている人は、万が一に備えて複数の金融機関に預金を分散させたり、現金で手元に置いておこうと考えました。その結果、いわゆる「タンス預金」を今でもそのまま持ち続けていることも多いようです。

また、小口の現金を預金せず、金庫に入れっぱなしにしていたら、思いもよらない金額になっていたというケースもあります。

こういったさまざまな理由から「これだけの現金があるんだけど、申告しないとまずいのかな……?」といった相談を頻繁に受けます。主婦のへそくりのスケールアップ版といったところでしょうか。

相続では、こうしたタンス預金が火種となります。

その多くは、あったはずの現金がいつのまにかなくなっているケースです。「あそこにあったはず」と思って探しても、どこにも見つからない。誰かがいつのまにか持って行ってしまったのではないか……もしかしたら、すでに使ってしまったことをあなたが忘れているだけかもしれません。

思い当たる方は、今のうちにその存在をはっきりさせておきましょう。そして、相続税を払って残された人に渡すことも考えましょう。

隠れ墓

お墓だけでなく、お墓を守ってもらう方法まで準備しておく

実家のお墓が現在の家から遠かったり、アクセスが悪かったら、つい足が遠のきがちになってしまうものです。なんらかの事情があって、実家のお墓には入りたくないということもあるでしょう。

このような背景があれば、「できれば家の近くのお墓に入り、気軽にお墓参りに来てもらえるようにしたい」と考えるのは自然なことです。

そういった希望に加え、相続対策の観点から、生前に自分のお墓を購入しておく方が増えています。お墓を生前に購入しておけば、お墓の購入費が、相続税法上、相続税がかからない財産となるからです。

しかし、お墓を購入してはみたが、家族や親戚に話すのは気が引ける、さまざまな理由から打ち明けられないといった悩みを持つ方も多いのではないでしょうか。

そんなときに便利なのが、死後事務委任契約です。

死後事務委任契約では、お墓だけでなく、お墓を守ってもらうための方法（祭祀《さいし》）に関して取り決めておくことも可能です。

民法では、お墓や位牌、仏壇などを「祭祀財産」と呼びます。

祭祀財産の所有権は相続財産には含まれず、祖先の祭祀を主宰する人に単独で承継されます。相続人の間で分割されると、祖先の祭祀をするときに不都合が生じるからです。

祭祀財産を継承する人を「祭祀承継者」といいます。平たく言えば、お墓や位牌、仏壇などを守ってもらう人のことです。

祭祀承継者は、故人が生前に指定した人がなるのが原則ですが、故人による指定がなく、しかも遺族の間で合意がなされない場合は、家庭裁判所の調停か審判によって決定されることになります。

「誰が葬儀・法要を取り仕切るか」などといったことは、一度もめると、なかなか円満に解決できるものではありません。「お兄さんがやった三回忌は認められないので、私がもう一度、三回忌を行います」といったドラマのような展開も、実際に起こるのです。

ある経営者には、愛人がいました。その経営者は、愛人が参列できるよう、家族が行う葬儀ではなく、会社が取り仕切る社葬にしてくれと言い残しました。祭祀の方法を選ぶことによって自らの希望を叶えた、賢い選択だと思います。

財産はある意味、分けてしまえばそれでおしまいですが、祭祀はその後も続いていくものです。死後事務委任契約で、トラブルの芽を今のうちに摘んでおきましょう。

隠れ権利

工業所有権、著作権のゆくえ

目には見えないものですが、著作権や特許権、実用新案権といった法的な権利は、相続財産に含まれる大切な資産です。つまり、相続が可能なものですが、本人が忘れていたり、そもそも相続財産であるという認識がないケースが多いといえます。

製造業や技術系の仕事をされていた方の中には、特許権や実用新案権（総称して「工業所有権」といいます）を個人で取得している方がいます。

工業所有権の引き継ぎを行うための書類上の手続きは必要ありませんが、権利が移動したことを特許庁に速やかに知らせる必要があります。

なお、特許権の有効期限は出願から20年、実用新案権の場合は10年と定められており、期限が過ぎると消滅してしまいます。

工業所有権が、官公庁に認められることではじめて得られる性格のものであるのに対し、著作権は生み出された時点で誰にでも発生します。本当はとても身近でありながら、意識する機会が少ない権利だといえます。

著作権で守られる著作物の範囲は非常に広く、「思想又は感情を創作的に表現したものであって、文芸、学術、美術又は音楽の範囲に属するもの」と定義されています。ですから、著作権の問題は作家や音楽家、画家、カメラマンなどといったクリエイティブな職業の方にかぎらず、誰にでも関係します。あなたが趣味で書いた小説や論文にも、作曲した音楽にも、著作権は発生しています。それがどんなに下手くそなものであったとしても、関係ありません。

著作権の相続に関しても、書類上の手続きや届け出は義務づけられていませんが、取り決めておきたいというならば、自分の思いどおりに引き継がれるよう、遺言書にも記載しておきましょう。

Aさんのご遺族のBさんは、「Aさんが生涯に残した全著作物をデータ化し、アーカイブにしてしっかり管理できるようにしたい」というご希望をお持ちでした。

しかし、Aさんの遺言書を開けてみると、「Bには、自分の著作物の相続権を認めない」とはっきり書かれていました。AさんとBさんの間には、生前に複雑な事情があったようなのです。

私はBさんから相談されて、いろいろ手を尽くしたのですが、結局、遺言書に書かれた故人の意志にしたがい、Bさんは著作権の相続をあきらめざるをえませんでした。

なお、著作権の存続期間は原則として「著作者の死後50年を経過するまで」となっています。

隠れ○○

隠れ車、宝石・貴金属・美術品……

「隠れ車」

「この車、いまは乗ってないから自由に使っていいよ」といって、誰かに自動車を貸しっぱなしにしていませんか。

車の場合、名義人に毎年、税金関係の書類が送られてきます。車を持っていることがわかっても、誰に貸してあるのかがわからなければ、その車は「隠れ資産」「隠れ車」になってしまいます。

「隠れ宝石」「隠れ貴金属」「隠れ美術品」

高価な宝石や貴金属、美術品の類を隠し持っている方、別に隠してはいないけれど、家族はその価値をわかっていないという方。どちらの場合でも、生前にしかるべき準備をしておくべきでしょう。

趣味で集めたものに関して、ご本人には強いこだわりがあっても、ご家族はさっぱり興味がないという状況はめずらしくありません。このようなご家庭では、ご本人の死後、「たいしたものではないだろう」と勝手に判断され、捨てられてしまうことがあります。価値のわかりづらい美術品だけでなく、宝石や貴金属でも、「どうせイミテーションだろう」と処分してしまいがちです。

しかし、いうまでもなく、これらは金銭的価値がある（＝換金ができる）ため、れっきとした相続財産と見なされます。相続前に捨てたり、売ったり、はたまた「形見分け」をしてはいけません。

対策の第一歩として、価値がある相続財産だということを理解してもらう必要があります。でも、「価値があるから残せ」といっておくだけでは不十分でしょう。

購入したご本人にとってはつらいことかもしれませんが、その価値を正しく評価・売却してもらえるよう、しかるべき売却ルートを確保してまとめておくところまでが、あなたの役割です。

その品物が遺族にとっても思い出深いものであったり、気に入ってもらえた場合はそのまま持っていてくれることもありますが、ご遺族が本当に欲しいのは、悲しいかな、ものではなく現金であるかもしれません。「絶対に売らないでほしい」という希望を残したとしても、実現されるかはまた別の話です。

売却ルートを明らかにすれば、より適切に換金してもらうことができます。たとえば、まだ有名ではない頃の村上隆《むらかみたかし》の作品を購入していたら、現在ならたいへんな評価額になっているはずです。しかし、価値のわからない業者や、客の足下を見るずるい業者のところに持ち込まれたら、実際の価値とはかけ離れた二束三文の金額で買い叩かれてしまうおそれがあります。

購入先と購入金額を併記したリストがあれば、そのような事態は防げます。リストにあるものと実物が照合できるよう、リストには写真も入れておきたいものです。購入先の業者（画廊・美術商など）に相談すれば、買い戻してくれることもあります。

高額な品物だと「いつのまにそんな無駄遣いをしたの！」といわれそうで、家族にも購入金額を知られたくないと思います。けれども、自分の死後のこととなると、そうもいっていられません。いまのうちにご自身の手で売却してしまうのも、選択肢のひとつです。

また、自分で購入した絵を、社長室など別の場所に架けている、人に預けているなどといった場合は、会社や他の人の所有物と誤解されないよう、その旨をはっきりさせておきましょう。

4

できれば知られたくない「負の遺産」に対処する

隠れ借金・連帯保証人①

トラブルの最大の源

第3章で見てきた「隠れ資産」は、うまく引き継げれば、あなただけでなく遺族にとってもうれしいものばかりでした。

この章では、遺族にとっては困りもの、本人としては「できれば家族は知られたくない代物」である「負の遺産」の処分法を紹介していきます。

マイナスの遺産といえば、借金や連帯保証人がいちばんに浮かびます。連帯保証人になるということは、大きなリスクを抱えることです。借金問題に首をつっこむのは抵抗があるという人でも、賃貸借契約の連帯保証人には気軽になってしまいがちです。

連帯保証人であることは契約書を見ないかぎりわかりません。本人の死後に請求書が届いて、はじめて連帯保証人であったことが判明することもよくあります。連帯保証人になっている場合は、絶対にその旨を家族に伝えておきましょう。

隠れ借金・連帯保証人❷

負債がいちばん把握しづらい

負債は、法定相続分に応じて、相続人全員に分割して相続されます（分割債務）。資産の場合は遺言書で「○○は誰に残す」と決めておくことができますが、負債や連帯保証については、本人の死後に債権者の同意がなければ、特定の相続人を指定することはできません。最も多額の遺産をもらった長男が「連帯保証人は俺が全部引き受ける」と言っても、債権者が同意しないかぎりは認められません。

資産より負債のほうが多ければ、相続人には「相続放棄」という選択肢があります。相続放棄を行う期限は、被相続人が亡くなったことを相続人が知ってから3か月以内です。相続財産の一部を受けとるなど単純承認すると、後から相続放棄することはできません。

3か月というのは本当にあっという間ですが、どうしてもその期間内に決められない場合も出てくるでしょう。

そんなときは、家庭裁判所に期間延長の申し出をすることもできます。期間延長は3か月ごとで、延長の回数に制限はありません。この仕組みを使って「もう負債は出てこないだろう」と判断できるまで粘り、最終的な判断を下した方たちもいらっしゃいました。

一般に「負債がいちばん把握しづらい」と言われますが、私の経験からもそう断言できます。なぜなら、本人から聞いていないかぎり、遺族が負債の存在を知る手だてはないからです。

たとえば、相続したお金を使い果たしてしまった頃に、被相続人の債権者から数千万円を請求されたとしたら。残念ながら、相続人には完済の義務があります。一度承認しているので、この段階での相続放棄は不可能です。

隠れ借金・連帯保証人③

連帯保証は家族に必ず伝えておく

「父親が遺した不動産に抵当権が設定されていた。父親からそんな話を聞いたことはないし、借りている相手の名前はもちろん知らない。だいいち、お金を借りたという時期にそれらしい振り込みもない。こんな借り入れは無効じゃないのか？」

そんな依頼を受け、希望どおりに裁判を起こしました。

すると、相手側から驚くべき証拠写真が提出されたのです。

それは、現金を持った父親が、借りた相手と一緒に写っている写真でした。これにはお手上げです。

お金を借りた相手は、どうやら、法律を熟知した非常にしたたかな相手だったようです。金利は法律の上限ギリギリ、抵当権をつけた不動産の価値まで把握したうえで現金で貸していたのです。貸したお金もすぐには回収せず、できるだけ長く引っ張って、金利が増えていくことを最初からもくろんでいたようです。

このように、家族の誰も知らない過去が後になって判明することもあります。

故人が連帯保証人になっていて、ある日突然、金融機関から裁判を起こされたケースもあります。依頼主である息子さんたちは、口をそろえてこう言っていました。

「父は自分たちに『連帯保証人にだけは絶対になってはいけない』と口をすっぱくして言っていた。そんな父が、連帯保証人になるはずがない！」

ところが、金融機関側から動かぬ証拠が提出されたのです。それは、父親が連帯保証人になることに同意したときの音声データでした。スピーカーから流れてきた音声を聞いた瞬間、息子さんたちが驚き、同時に落胆したのはいうまでもありません。

隠れ借金・連帯保証人④

金銭消費貸借契約（金消契約）でトラブルを防ぐ

住宅ローンを組んだことのある方なら、「金銭消費貸借契約（金消契約）」という言葉を聞いたことがあると思います。「借りたそのものはある用途に使ってしまうけれど、あとで同一のものを同じ額・同じ数量をそろえて必ずお返しします」と約束するものので、住宅ローンに限らず使われる用語です。

なんらかの理由があって、AさんがBさんに1000万円をあげたとします。放っておくと、お金を受け取った側のBさんに贈与税が課税されてしまいます。

ところが、「BさんがAさんから1000万円を借りた」という金消契約を結んでおけば、税務調査を受けたときも「これは贈与ではありません」と主張することができ、課税を避けられます。

このとき、AさんとBさんは「形式上は借金ということになっているけれど、自分たちふたりの間には、表に出せない貸し借りがあって、事実上はお金を返す必要はない」という共通認識を持っています。贈与税の考え方では、課税対象にあたるかどうか微妙なところですが、ふたりの関係が良好であれば、大きな問題にはならないかもしれません。

ところが、AさんとBさんの間にトラブルが発生し、信頼関係に亀裂が入ったら、金消契約を盾にAさんがBさんに返済を迫ることも考えられます。

さらに、生前の関係が良好だとしても、仮にAさんが亡くなり、相続人が金消契約の存在を知れば、BさんはAさんの相続人から「貸付金」1000万円の返済を求められてしまいます。

贈与税は、親子間でのやりとりにも適用されます。ある未亡人の奥さんが、相続した亡き夫の預金を娘さんの住宅の購入資金にしたいと考えています。

購入資金を娘さんの口座に振り込んで、娘さんがそのお金で家を買ったとしたら、その時点でアウトです。贈与と見なされるので課税対象となり、贈与税が発生してしまいます。あらかじめ金消契約を結んでおけば、この点は解決できます。

ちなみに、金消契約というテーマからは少々ずれてしまいますが、この事例での最も賢い対策法は「奥さんがその家を買って、娘さんが住む」です。母親が亡くなったら、娘さんがその家を相続すればよいからです。

いずれにせよ、金消契約で難しいのは、「返す必要のないお金だ」ということを念書などで残せば贈与であることがはっきりしてしまい、課税をまぬがれないという点です。

私のところにも、こうした相談がときおり持ち込まれます。自分や残された家族が困らないように十分に注意して行動すると同時に、口頭でも確実に意思が伝わっているようにしておきましょう。

隠れ借金・連帯保証人⑤

個人の債権は会社への譲渡が望ましい

個人的に誰かに貸しているお金がある場合、経営者の方ならば、自分の会社に債権譲渡する手段があります。

個人の債権のままその人が亡くなると、債権も相続の対象になってしまいます。相続人が複数人いれば、債権が分割されて返済が難しくなったり、債権の存在自体に気づれかない恐れがあります。会社に譲渡しておけば、債権の存在がはっきりします。

会社といっても小規模で、個人経営と変わらないような場合はどうでしょうか。

以前、ある相続人の娘さんから相談を受けました。その方の亡くなったお父様は、個人で茶器の製造販売を行っていました。

お父様の死後、会社には合計で600万円の売掛金が残っていたため、娘さんは、取引先それぞれに支払いを要求しました。しかし、取引先はまったく請求に応じず、気がつけば3年が過ぎてしまいました。娘さんは、まだ回収できる見込みはあるのか、あきらめるべきかを相談しにいらっしゃったのです。

小規模な事業を個人で切り盛りしていると、取引先も個人的なつながりに依存しがちです。するとこのケースのように、事業主が亡くなったとたんに取引が途絶えてしまうことが少なくありません。なかには「もう取引はしないのだから、未払いの代金はこのまま放っておこう」という不届きな考えをする取引先も現れます。これは会社に限らず、個人間でも同様です。つまり「お金を借りていた人が亡くなったんだから、もう借金は返さなくていいだろう」という解釈です。

法律上では、たとえ債権が回収できなくても、所得税は課税されてしまいます。しかも、未回収の売掛金がある場合でも、税務署は損金処理を簡単には認めてくれません。それならば、あきらめずに回収の方法を模索するほうが賢明といえるでしょう。

こういった観点から、内容証明をつけて再請求を行った結果、すべての債権を回収することができました。内容証明によって、個人間のやりとりもあくまで事業の一環だと認識してもらったのが決め手となりました。

なお、民法では、売買代金など売掛金の時効期間は2年とされていましたが、2017年に法律が改正されて5年に延長されました。(ただし、改正以前にすでに発生している事例には適用されません)

隠れデータ

できればなかったことにしたいパソコンのデータ

以前、会社員の息子さんを自殺で亡くしたお母さまから「息子の死の責任は会社にあると思う。労災で会社を訴えたい」との依頼を受けました。

私は、現時点で残っているデータだけでなく、すでにパソコンから削除されたデータも調べようと思い、専門業者にデータの復元(サルベージ)をお願いしました。ところが、復元されたデータから出てきたのはアダルトビデオばかり……お母さまに何と説明したらよいか、ほとほと困り果ててしまいました。

あなたが使用しているパソコンの中身は、いつ誰に見られても恥ずかしくない状態になっているでしょうか？「絶対に大丈夫だ」と言い切れる方は、そう多くないのではと思います。パスワードでロックしているからといって安心はできません。ロックを解除してくれる便利な業者がいるからです。

自分の死後、他人に見られたくないパソコン内のデータを自動的に削除してくれる「遺言ソフト」も存在します。事前に「自分が死んだらこのソフトを起動してほしい」と伝えておき、画面のメッセージどおりに遺言ソフトを実行してもらうと、設定しておいたデータが自動的に消去される仕組みです。一定期間パソコンが起動されないと、指定されたデータを自動的に削除してくれるタイプのソフトもあります。

ただし、私が利用したようなサルベージの専門業者もいて、いたちごっこになってしまいます。それに、消去をお願いした相手がいぶかしんだり、一時の好奇心から遺言ソフトを正しく起動してくれないかもしれません。

こういった隠れデータの処分にも「死後事務委任契約」が非常に便利です。締結する相手は、任意の第三者でもかまいません。れっきとした契約ですので、ビジネスライクに粛々と実行してもらえます。

この契約内容には同時に、引き継ぎたいデータの保存と振り分け・伝達をしてもらうこと、バックアップやサルベージを行わないこと、ハードディスク自体の処分なども盛り込むとよいでしょう。とくに、仕事の引き継ぎや相続にあたって必要となるデータの処遇を決めておくことができれば、大きな安心につながります。

締結時に申し添えておきたいのは、遺族と実際にやりとりをしてもらう際の説明方法です。「故人の意思によりデータを消します」と伝えるのではなく「パソコン全体の管理を委託されています」などと説明を加えてあげると、無用な波風が立ちません。

人は、どうしても思い出を残したがるものです。古い思い出の上に新しい思い出を「上書き保存」することは、なかなかできません。あれもこれも「名前をつけて保存」

してしまいます。とりわけ、男性にはその傾向が強いようです。

生きているうちは、仕事も趣味も思う存分楽しむ。趣味でリフレッシュして、もっと仕事を頑張る。懸念材料をつぶしておくことが、その好循環を加速させます。

隠れコレクション

人にはとても知られたくない「秘密のお宝」

データではなく、実在するモノについてはどうでしょうか。

なかなか人には公言できない趣味を持っていて、そのコレクションを貸し倉庫などに保管している方もいらっしゃいます。高額なものやスペースをとるため、家族になじられるのが嫌で、自宅に持ち帰らずに外部で保管している場合もあります。

「自分が生きているうちは、苦労して集めたコレクションを手放したくない」というのが、コレクターの心理です。信用できる人に自分が死んだあとのコレクションの処遇を頼んでおければ、その望みは叶います。

同好の仲間がいて「もしものときはお互いにすべてを譲り合う」という合意ができるならば望ましいものですが、そこまで信頼しあえる人を見つけるのは難しいかもしれませんし、合意後に人間関係がこじれることもあるでしょう。

やはりこのケースでも、信頼できる第三者と死後事務委任契約を結び、ビジネスライクに対応してもらうのが得策といえますし、現時点で未練のないものは、いまのうちに売却・譲渡してしまうことも考えましょう。

隠れ家族

過去は隠せても消せない

離婚歴を隠しながら婚姻届を提出することは、制度上、けっして不可能ではありません。別の市町村に転籍して新しい戸籍を作成し、本籍も移すよう届け出るだけで、離婚歴のない自分一人のきれいな戸籍ができます。このような方法で、離婚歴があることや前妻に子どもがいることを現在の家族に隠している方もいるかもしれません。

ただし、相続などの際に出生からのすべて戸籍が必要になると、これらの事項は明らかになってしまいます。つまり、隠すことはできても、消すことはできないのです。

もし生命保険の受取人が前妻のままになっていれば、離婚したにもかかわらず、前妻が保険金を受け取ることができます。また、前妻や愛人との隠し子もその人の子どもには変わりないため、法定相続人となってしまいます。こういった相談は後を絶たないため、その子を受取人として生命保険に加入し、その保険金を受け取ってもらうことで遺産相続の遺留分を放棄してもらうこともしばしばあります。

もしも、夫の死後、相続の手続きを行う段階になってはじめて夫の離婚歴を知り、前妻や隠し子の存在が明らかになったとしたら……。

真実を本人からは何も伝えられずに、後から知ることになるショックと、生前に本人の口からすべてを話してもらえたショック。どちらを選ぶかは、本人にしか決めることはできません。

＊

この章では「隠れ資産」について、それぞれ見てきました。

「良いことも悪いことも、全部はっきりさせてくれていたので助かった」

万が一、自分が突然死に見舞われても、家族から感謝されるように、今日からできることを始めていきましょう。

5

生前対策で使える！便利なシステム、スキル

前章までの内容によって、あなたの「持ち物」と懸念事項が出そろいました。

この章では、それらの持ち物を、ご自分の希望どおりに残すための、頼れる味方をご紹介します。専門家に任せきりになるのではなく、むしろ彼らをうまく活用し、最大限の効力を発揮してもらうための「使える！」システムやスキルです。

遺言書・遺産分割協議案①

これだけは知っておきたい、遺言書の基本

書店の相続本のコーナーに行くと、遺言書を書くための参考書がたくさん並んでいます。細かな注意点はそちらで確認いただくとして、本書では「生前準備」という観点から見た要点のみを、かいつまんでご紹介します。

自分の希望を残された人に確実に伝える方法として第一に挙げられるのが、遺言書

です。財産に関して遺言書に「○○は△△に与える」と記しておけば、そのとおりに相続される確率はかなり高くなります。

遺言書の「付言事項《ふげんじこう》」に何を書くかは、法的な形式さえ守られていれば個人の自由です。極端な話、「お気に入りの銀座のクラブで葬儀を行ってほしい」と書くこともできます（もちろん、それが実行されるかどうかは別の話ですが）。

一般的な遺言書の種類としては、自筆で書く「自筆証書遺言」と、公証役場で公証人の立ち会いのもと作成する「公正証書遺言」があります。

どちらの遺言書で残すのがよいか、しばしば尋ねられますが、基本的には公正証書遺言で残しておくことをお勧めしています。自筆証書遺言に比べ、公正証書遺言のほうがトラブルやミスを防ぐ点でメリットがあるからです。

ある事例では、自筆証書遺言に「所有している建物を妹のAさんに相続させる」という一文がありました。ところが、その建物が立っている土地については何も書かれていませんでした。この場合、土地の所有権は、概念上、相続人にあたる人々に分割相続されてしまいます。

このままでは、Aさんは他の相続人から「土地を売るので建物から立ち退いてほしい」といわれかねません。建物を相続したAさんが安心して暮らし続けられるようにするためには、土地についても遺言書に記載しておくべきだったのです。

Aさんの兄（故人）が土地についての記載を忘れてしまったのは、市販されている遺言書のマニュアル本をもとに、そっくりそのまま遺言書を作成してしまったからだと思われます。マニュアル本に掲載されている記入例や書類のサンプルを忠実に引き写した結果、重大な書き漏れや間違いが発生してしまったのです。

公正証書遺言の形をとっていれば、公証人のチェックが必ず入りますので、「土地に関する記載がないですが、よろしいですか？」などと指摘してもらえたはずです。最初から公正証書遺言で作成するか、自筆証書遺言の場合でも、弁護士など法律の専門家にチェックしてもらうのがよいでしょう。

公正証書遺言には、家庭裁判所に遺言書の検認を申し立てる必要がなく、相続がスムーズに進むメリットもあります。公正証書遺言以外の形式では、死亡後、未開封の遺言書を家庭裁判所にただちに提出し、煩雑な手続きを行わなければなりません。

また、公正証書は公証役場にも保管されるので、遺言書を紛失しても、保管分を検索して謄本を発行してもらうことができます。この謄本は遺言書と同一のものとして扱われるので、もとの公正証書遺言とまったく同じ効力を持ちます。

自筆証書遺言にはこのような救済手段がないので、紛失してしまえばおしまいです。遺言書がはじめから存在しないことと同じになってしまいます。

遺言書・遺産分割協議案②

負債＝マイナスの遺産から目をそむけてはいけない

「遺言書を作成しておけば、すべて安心」と勘違いしている人が多いようです。けっしてそうではないこと、さらには遺産分割協議案の作成の有効性が、これまでの話でご理解いただけたと思います。

ここでもう一点、遺言書や遺産分割協議案を作成する際に、欠かしてはいけない視点について述べておきたいと思います。

それは、相続資産という自分のよい面だけを書き残すのではなく、負債などマイナス面も含めて網羅的に把握し、まとめておく必要があるということです。

遺言書や遺産分割協議案を作成するとき、自分の資産に関してはあれこれと考えますが、負債についてはあまり意識が向かない傾向があります。現実を直視すると気分が落ち込み、嫌な気持ちになるからでしょう。

ところが、負債が漏れたままの状態で遺言書や遺産分割案が作成され、それらに基づいて相続が執行された場合、負債も相続人に引き継がれてしまいます。

資産より負債が多い場合、相続人は「相続放棄」を選択することもできます。ただし、負債の存在を知らずに相続し、負債の存在があとから明らかになったとしても、あとから相続放棄をすることはできません。自分が相続人になったことを知った日から3か月以内に家庭裁判所に「相続放棄申述書」を提出しなければ、相続放棄はできません。それを過ぎてしまったら、もう手遅れです。

夫や父親としてのプライドから、自分をよく見せようという気持ちが働くのはわかりますが、残される人のためにも、負債にはちゃんと向き合いましょう。

ウソをついたり、意図的に隠そうとしたつもりがなくても、借金や連帯保証人になったことを単純に忘れてしまっていて、記載が漏れてしまうこともあるはずです。

こういった負債のことを会計では「簿外負債《ぼがい》」といいます。この簿外負債を残さず消していくことが、遺言書や遺産分割協議案を作成する際のポイントといえます。

そのためには、負債も含めた遺産の棚卸し作業が役立ちます。「自分自身のバランスシートを作成する」と考えていただければ、わかりやすいかと思います。

「あそこに借金をしている」「あの人の連帯保証人になっている」ということは、実際に紙に書いたり、パソコンに入力してリストアップしたりすると、よりクリアに全体を把握することができます。そうすることではじめて、対処法を検討することも可能になってくるともいえます。

現金や不動産、住宅ローンなど、目に見えるものは見落とすことが少ないでしょう。十分に注意したいのは、個人間の借金や連帯保証です。お通夜に現れた人物から、思いがけない負債の存在を言い渡されるといった話は、現実にめずらしくありません。

解約返戻金を担保にお金を借りる「契約者貸付制度」を利用していませんか。保険会社からお金を借りていたことを、保険金の受取人に知らせていなければ、「あれ、どうしてこんなに保険金が少ないの？」と困惑させてしまいます。

あるご家庭では、亡くなったご主人が1億円の生命保険に入っていることは知らされていましたが、ご主人がそれを担保に7000万円を借りていた事実は誰ひとり知らされておらず、トラブルになってしまいました。

また、保険以外の契約関係の引き継ぎにも、あまり意識が向かないものです。預金や不動産など、現実にあるものには目が届きやすいものです。ところが、その他の財産や契約関係の引き継ぎ・解約については見落とされがちといえます。

遺言書のマニュアル本では、財産を「預貯金」「不動産」「株式」「保険関係」「動産（車・貴金属などの換金できるもの）」「借入金・ローン」などに分けて記入しましょう、としばしば紹介されています。

しかし、資産や負債に該当するものは、こういったカテゴリーでまとめられるものだけでしょうか？

もう一度、32ページのチェックリストをご覧ください。マニュアル本の分類からは漏れてしまいそうな資産・負債が、たくさん挙げられていると思います。ご自身の状況と照らし合わせながら、ぜひバランスシートにまとめてみてください。そうすれば、すっかり抜け落ちていた借金や連帯保証の存在を思い出すこともできるでしょう。

遺族は、遺言書にすべてが書かれているかのようにと思いこんでしまいがちです。残される家族に迷惑をかけないよう、対策を打っておくことが大切です。

成年後見制度のあらましと種類

「成年後見制度」という言葉を耳にしたことのある人も多いと思います。この制度は、２０００年４月に介護保険制度の施行と同時にスタートしたものです。

成年後見制度は、認知症の高齢者や知的障害者、精神障害者など、判断能力の不十分な成人を保護し、人間として尊厳のある人生を全うできるように創設されました。彼らを保護、または支援してくれる人が「後見人」です。

成年後見制度は、突然死とはあまり関係ないように思われますが、認知症になって意識が持てなくなり、正しい判断ができなくなるのは、ある意味、突然死に近いものがあるといえます。万が一に備えるため、この制度のことをよく知っておきましょう。

成年後見制度は、「法定後見制度」と「任意後見制度」の２つに分かれています。

法定後見制度は、判断能力が失われつつあるか、あるいはすでに失ってしまい、自分自身で後見人を選ぶことが困難な場合に適用されます。配偶者や子どもなどが家庭裁判所に申請し、裁判所が成年後見人を選任します。

任意後見制度は「認知症になったときのための備え」が主な目的です。認知能力が低下する前に、あらかじめ「任意後見人」になってもらう人を決め、その人と契約を結び、将来、認知症などで判断能力が不十分になったときに保護・支援を受ける制度です。契約は公証役場で行います。

法定後見制度と任意後見制度の最も大きな違いは、任意後見人の場合、相手の同意さえ得られれば、後見人として信頼できる人を本人が自由に選ぶことができるということです。裁判所が選んだ法廷後見人は、自分で見極めて選んだ人物ではないので、後見人に自分の意思に反した行動を取られる恐れがあります。

任意後見人によるサポートが必要となると、家庭裁判所への申し立てが行われ、任意後見人を監督する「任意後見監督人」を選任してもらうことになります。任意後見監督人には、任意後見人が契約によって定められた仕事をきちんと実行しているか、チェックを行う役割があります。

任意後見制度を活用することで、認知能力が低下したあとでも、自らの人生を最後まで自由に思い描くことが可能になるのです。

任意後見制度の契約には、本人の生活状態や健康状態に応じて次の3つの利用形態（**図5**）があります。どれにするのかは、本人が自由に選ぶことができます。

①「即効型」任意後見契約

任意後見契約を結んだら、ただちに家庭裁判所に任意後見監督人の申し立てを行う契約です。任意後見契約と同時に、生活支援や療養看護、財産管理などに関する「委任契約」を結びます。契約時にはすでに判断能力が低下し始めていて、すぐに任意後見を開始したいという場合は、これを選ぶとよいでしょう。

②「将来型」任意後見契約

いますぐにではなく、将来、判断能力が低下してから任意後見人の保護を受けるという契約です。「将来型」では、委任契約は結ばず、任意後見契約のみを締結します。

③「移行型」任意後見契約

任意後見契約・委任契約を結んでから、しばらくは見守り事務、財産管理などを行い、本人の判断能力が低下してから、任意後見に移行していきます。最も使い勝手がよく、任意後見契約のメリットが発揮できるタイプの契約といえます。

任意後見制度を利用する人にとって最も有用なのは、③の「移行型」任意後見契約であると思います。

高齢になると、判断能力は低下していないものの、足腰が弱って銀行に行けなくなったり、通帳の細かい文字や数字が読みづらく、財産管理が難しくなるケースも出てきます。財産管理を委任する契約を結べば、判断能力が低下し任意後見に移行する前でも、任意後見人になることが決まっている人（任意後見受任者）に委任することができます。財産管理には、主に次のような事務が含まれます。

・財産の保全・管理
・金融機関との預貯金取引
・定期的な収入の受領や支出・費用の支払い
・生活費の送金、生活に必要な財産の購入
・賃貸不動産（借地・借家）の管理

図5 任意後見 選べる3つの形態

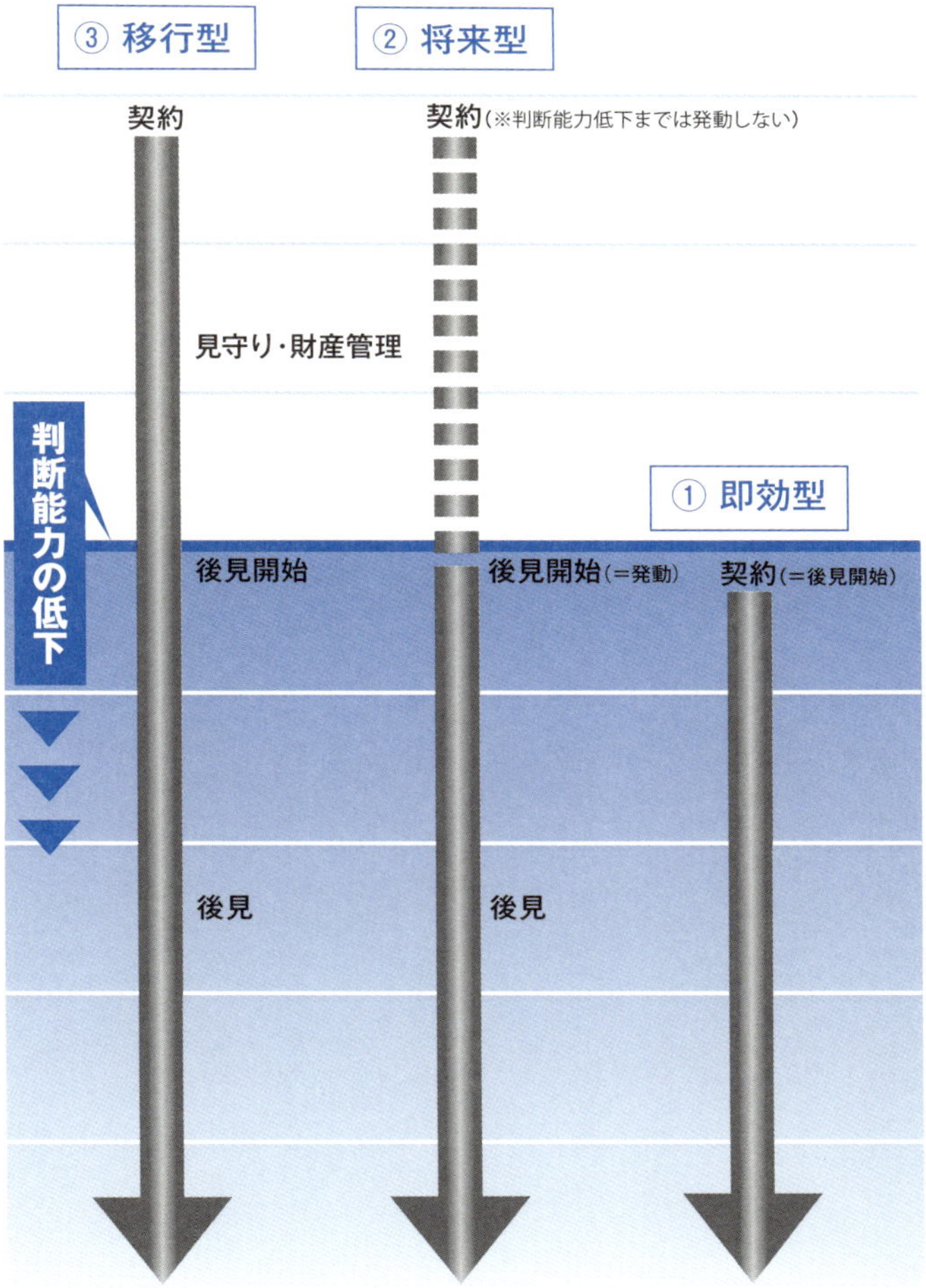

任意後見制度❷

任意後見制度の注意点

任意後見人は「代理人」です。だからこそ、誰を選ぶかが重要になってきます。たとえば、財産管理契約を結ぶと、任意後見人は通帳や印鑑を預かることができます。任意後見契約が発動すれば、任意後見人には「任意後見監督人」がつけられます。任意後見人は厳密に財産管理を行い、任意後見監督人に財産目録等を提出してチェックを受けなければなりません。

しかし、任意後見契約が発動する前の、財産管理契約にもとづいて財産管理を行う段階では、任意後見受任者には監督人がつきません。任意後見人に悪意があれば、「やりたい放題」になりかねないのです。

したがって、任意後見人には100パーセント信頼のおける人を選ばなければなりません。悪い人を選んでしまうと、本人の認知能力が低下し、任意後見契約を発動すべき状況になっても申し立てを行わず、財産管理の名のもとに公然と横領が行われてしまいます。

死後事務委任契約①

死後事務委任契約のあらまし

任意後見契約のメリットをご紹介しましたが、じつは不十分な点もあります。それは、本人が死亡すると任意後見契約も終了してしまうことです。死後のさまざまな処理については、任意後見人には依頼できません。

この点を補うことのできる方法としてまず遺言が思い浮かぶと思いますが、より確実性の高い方法が「死後事務委任契約」です。

死後事務委任契約とは、その名のとおり、委任者（本人）の死後、受任者である第三者（法人・個人）に、亡くなったあとのもろもろの事務・手続きを代行してもらう権利を委任する契約のことです。死亡した直後から葬儀までの期間に必要となる事務が広くカバーできます（**図6**）。

また、この死後事務委任契約と任意後見制度をセットで運用することによって、判断能力が落ちてきてから亡くなった後までカバーすることが可能になります（**図7**）。

最近は一人暮らしの高齢者が増加したことにより、孤立死（孤独死）を迎えたり、遺体の引き取り手のいない事例が増加し、社会問題になっています。親族がいても、長年疎遠であったり、相手も高齢者で死後の面倒までは頼めないこともあります。このような事態に対応する手段として、死後事務委任契約は注目を集めています。

死後の手続きを自分の希望どおり実現するには、信頼できる人や法人との間で死後事務委任契約を結び、契約書を公正証書の形で残しておくのがよいでしょう。

「死後のことなら遺言書に書いておけばいいのでは」と考える方もいらっしゃるかもしれません。

図6 こんなことまで頼める 死後事務委任契約の主な内容例

本人の生前に発生した債務の弁済に関する事務
医療費の支払いに関する事務
家賃・地代・管理費等の支払いと敷金・保証金等の支払いに関する事務
老人ホーム等の施設利用料の支払いと入居一時金の受領に関する事務
通夜、告別式、火葬、納骨、埋葬に関する事務
菩提寺の選定、墓石建立に関する事務
永代供養・年忌法要に関する事務
相続財産管理人の選定申立手続に関する事務
賃借建物明け渡しに関する事務
身のまわりの衣類、家財道具等の廃棄処分等に関する事務
ペットの世話に関する事務
行政官庁等への諸届け事務
以上の各事務に関する費用の支払い

しかし、亡くなった直後の慌しいなか、遺言書を探しあて、所定の手続きにしたがって開封し、葬儀や相続について確認するといった一連の作業を行うのは、現実的には難しいものです。実際には、遺言書を開封するのは葬儀が終わったあと、遺産分割の協議が始まるころというのがいちばん多いケースです。つまり、遺言書に自分の葬儀の段取りを指示しておいても、家族の目に触れるのは、多くの場合、葬儀のあと。そのとおりに葬儀が執り行われるとはかぎらないのです。

また、遺言書と死後事務委任契約の性格は大きく異なります。

遺言書の内容は一方的なもので、「葬儀の一切はAに任せる」と書いたところで、Aさんに「そんな面倒なことは嫌だ」といわれてしまえばそれまでです。法的な強制力はありません。

一方、死後事務委任契約は「契約」なので、委任者であるあなたと受任者の双方が納得して締結するものであり、受任者は契約内容を必ず実行しなければいけません。

受任者には、親族ではなく、第三者の弁護士などが選ばれることもあります。かと

図7 任意後見と死後事務委任契約の相互補完

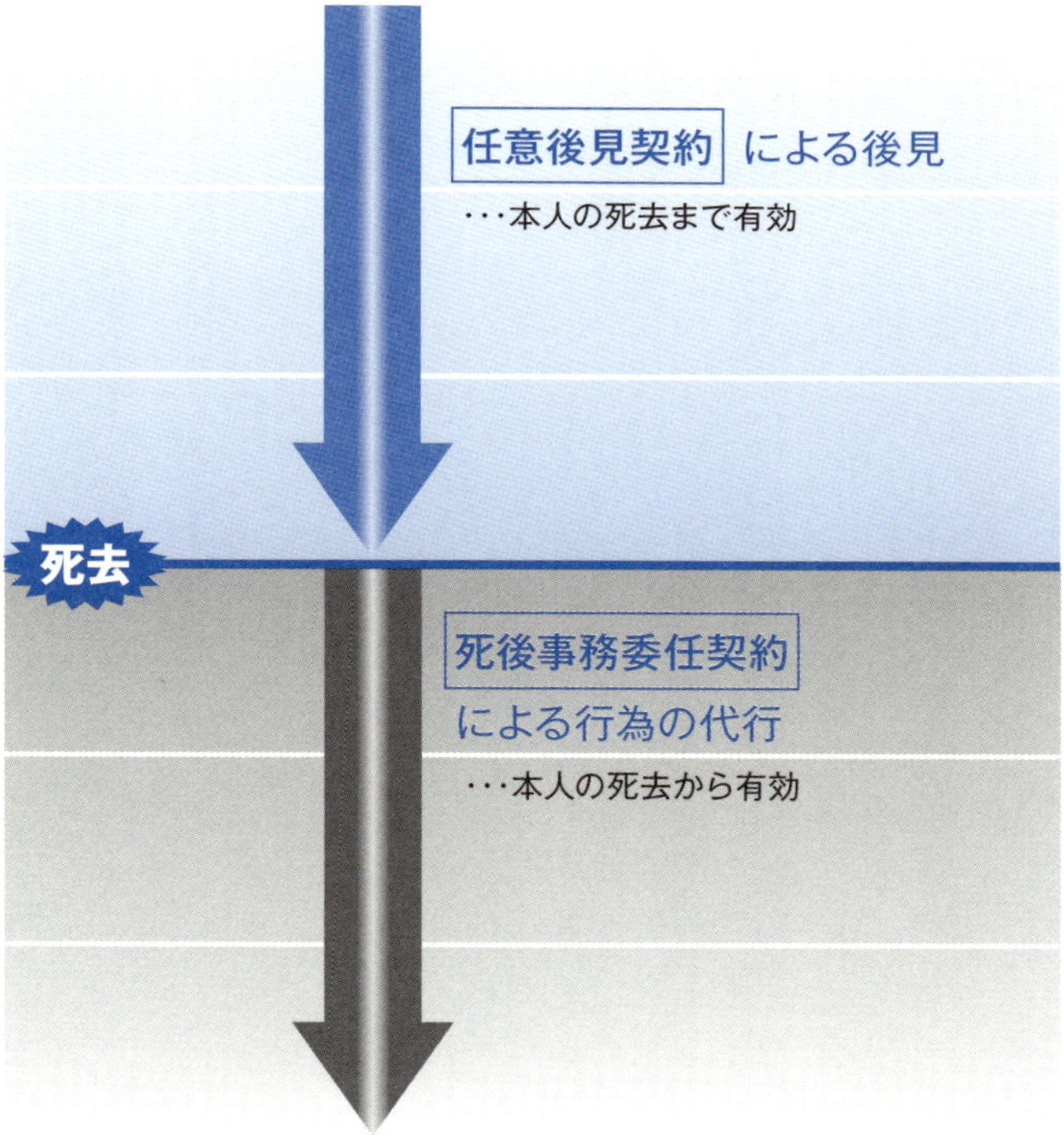

**ふたつの制度を組み合わせて、
生前／没後をカバー**

いって、弁護士が葬儀を取り仕切ることはもちろんありません。「葬儀については○○に委託する」という文言を入れて、特定の親族に一任（再委任）するのが一般的です。もちろん、これら受任者・再受任者の決定には、本人の受諾も必要になります。大きな責任を負ってもらうわけですし、トラブルを防ぐためにも、死後事務委任契約を結ぶ目的をきちんと説明しておいたほうがよいでしょう。

死後事務委任契約②

死後事務委任契約に盛り込みたい7つのポイント

受任者や再受任者に選ばれた親族がこまらないよう、次のことについては、あらかじめ自分で決めておくようにしましょう。

①葬儀一切を誰に任せるか
②葬儀の形式・場所、希望があれば宗教者の指定
③死亡の連絡の範囲、弔辞・献杯を誰に頼みたいか
④遺影のセレクト、戒名について
⑤墓と納骨をどうするか
⑥回忌法要をいつまで行うか
⑦老人ホームの入居一時金の受け取りについて

これ以外にも細かな取り決めがあるようなら、別紙にまとめ、その旨を契約の中に記載しておけば大丈夫です。

図8が、実際の契約書のサンプルです。

(2)

甲及び乙は、いつでも本委任契約を解除することができる。
ただし、解除は、前記任意後見契約の解除と同時に、公証人の認証を受けた書面によってしなければならない。

第9条(契約の終了)
本委任契約は、次の場合に終了する。
(1) 甲又は乙が死亡し又は破産手続開始決定を受けたとき
(2) 乙が後見開始の審判を受けたとき
(3) 前記任意後見契約につき、任意後見監督人が選任され、同契約が効力を生じたとき

第2　死後事務委任契約

第1条(契約の趣旨)
甲と乙とは、以下のとおり死後事務委任契約を締結する。

第2条(委任者の死亡による本契約の効力)
甲が死亡した場合においても、本契約は終了せず、甲の相続人は、委任者である甲の本契約上の権利義務を承継するものとする。
2 甲の相続人は、前項の場合において、本契約を解除することができない。

第3条(委任事務の範囲)
甲は、乙に対し、甲の死亡後における次の事務(以下「本件死後事務」という。)を委任する。
(1) 通夜、告別式、火葬、納骨、埋葬に関する事務
(2) 永代供養に関する事務
(3) 老人ホーム入居一時金等の受領に関する事務
(4) 前記任意後見契約の未処理事務
(5) 行政官庁等への諸届け事務
(6) 以上の各事務に関する費用の支払い

第4条(連絡)
甲が死亡した場合、乙は速やかに甲が予め指定する親族等関係者に連絡するものとする。

第5条(費用の負担)
本件死後事務を処理するために必要な費用は、甲の負担とし、乙は、その管理する甲の遺産からこれを支出することができる。

第6条(報酬)
本件死後事務の報酬は無報酬とする。

第7条(契約の終了)
本契約は、次の場合に終了する。
(1) 乙が死亡し又は破産手続開始決定を受けたとき
(2) 前記任意後見契約が解除されたとき

図8 死後事務委任契約の公正証書例（1）

平成●年第●号

委任契約及び死後事務委任契約公正証書

本公証人は、平成●年●月●日、委任者（以下「甲」という。）、受任者以下「乙」という。）の嘱託により、甲乙間で別途締結した任意後見契約（平成２６年●月●日付け東京法務局公証人●●●●作成同年第●号任意後見契約公正証書）に付随関連する次の法律行為に関する陳述の趣旨を録取して、この証書を作成する。

第1　委 任 契 約

第1条（契約の趣旨）
甲は乙に対し、平成●年●月●日、甲の生活、療養看護及び財産の管理に関する事務（以下「委任事務」という。）を委任し、乙は、これを受任する。

第2条（委任事務の範囲）
甲は、乙に対し、別紙「代理権目録（委任契約）」記載の委任事務（以下「本件委任事務」という。）を委任し、その事務処理のための代理権を付与する。

第3条（証書等の引渡し等）
1 甲は、乙に対し、本件委任事務処理のために必要と認める範囲で、適宜の時期に、次の証書等及びこれに準ずるものを引き渡す。
①登記済権利証、②実印・銀行印、③印鑑登録カード・住民基本台帳カード、④預貯金通帳、⑤各種キャッシュカード、⑥有価証券・その預り証、⑦年金関係書類、⑧土地・建物賃貸借契約書等の重要な契約書類
2 乙は、前項の証書等の引渡しを受けたときは、甲に対し、預り証を交付して保管し、前記証書等を委任事務処理のために使用することができる。

第4条（費用の負担）
乙が本件委任事務を処理するために必要な費用は、甲の負担とし、乙は、その管理する甲の財産からこれを支出することができる。

第5条（報酬）
乙の本件委任事務処理は、無報酬とする。ただし、次条変更による甲乙間の協議に従って変更することを妨げない。

第6条（報告）
1 乙は、甲に対し、適時、適宜の方法により、本件委任事務処理の状況につき報告する。
2 甲は、乙に対し、いつでも本件委任事務処理状況につき報告を求めることができる。

第7条（契約の変更）
本委任契約に定める代理権の範囲を変更する契約は、公正証書によってするものとする。

第8条（契約の解除）

(3)

別紙　代理権目録（委任契約）

1 不動産、動産等すべての財産の保存、管理，変更及び処分に関する事項
2 次の銀行・証券会社との預貯金・有価証券に関する取引を含む銀行等の金融機関、証券会社とのすべての取引に関する事項
　○○銀行○○支店
　ゆうちょ銀行
　○○証券○支店
3 保険契約（類似の共済契約等を含む。）に関する事項
4 定期的な収入の受領、定期的な支出を要する費用の支払に関する事項
5 生活費の送金及び生活に必要な財産の取得に関する事項並びに物品の購入その他の日常生活関連取引（契約の変更解除等を含む。）に関する事項
6 医療契約、入院契約、介護契約その他の福祉サービス利用契約、福祉関係施設入退所契約関係に関する事項
7 要介護認定の申請及び認定に関する承認又は異議申立て並びに福祉関係の措置（施設入所措置を含む。）の申請及び決定に対する異議申立てに関する事項
8 シルバー資金融資制度、長期生活支援資金制度等の福祉関係融資制度の利用に関する事項
9 登記済権利証、印鑑、印鑑登録カード、住民基本台帳カード、預貯金通帳、各種キャッシュカード、有価証券・その預り証、年金関係書類、土地・建物賃貸借契約書等の重要な契約書類その他重要書類の保管及び各事項の事務処理に必要な範囲内の使用に関する事項
10 居住用不動産購入、賃貸借契約及び住居の新築・増改築に関する請負契約に関する事項
11 登記及び供託の申請、税務申告、各種証明書の請求に関する事項

死後事務委任契約③

死後事務委任契約をフル活用する

前述のように、遺言書の付言事項には何を書いてもかまわないとされています。相続の本でも、付言事項に書いておきたい項目として「どんな葬儀にしてほしいかという希望」「遺された家族へ感謝を伝えるメッセージ」がしばしば紹介されています。前者は葬儀時、後者は遺産分割協議時のトラブルを防ぐために効力があると説明されています。後者に関しては、もちろん、心情としては確かにそういった効果も期待できますが、付言事項はあくまで「故人の希望」です。守らなくても問題はありません。

しかし、同じ内容でも、死後事務委任契約で取り決めておけば、契約内容のとおりに行う義務が生じます。どんなことでもお願いでき、「契約」として実行してもらえるのです。この契約の中に、3、4章で紹介したありとあらゆる資産の管理を盛り込んでいけばよいのです。

たとえば、「コレクションを、自分の死後にすべて廃棄してほしい」という内容の死後事務委任契約を、家族ではない第三者と結んだとします。

このときに、たとえ契約どおりであっても、遺族から「資産を勝手に廃棄した」と訴えられる心配はないのでしょうか。コレクションの存在を事前に知った遺族が「コレクションを売却すれば葬式代の足しになるのでは」と考え、「廃棄する前にどんなものがあるのか教えてほしい」と言ってきたとしたら、どうすればいいのでしょうか。

この点も心配はありません。なぜなら、死後事務委任契約は、故人が生前に結んだ契約だからです。死後、実際に廃棄の作業（事務）をするのは受任者ですが、あくまで故人の意志のもと、故人の代理として行うのです。ですから、故人が生前に自分で処分したことと変わらない行為と見なされます。

「本当は生きているうちに処分するつもりだったけれど、たまたまそれが遅れて、死後に別の人に頼んで代わりに処分してもらった」

死後事務委任契約は、いわばこのような捉え方によって成り立っています。

したがって、このコレクションはそもそも相続財産に含まれませんし、遺族にとやかく言う権利はもとからありません。

コレクションのような形あるものだけでなく、最初からデータとしてしか存在しないものについても、処分を委託することが可能です。スマホやパソコン、ウェブメールサービスの中にあるメールや写真、文書、ＳＮＳのアカウントやログといったものも、消去したり、解約してもらうことができます。

注意したいのは、これらはすべて「事務を委任する」、つまりある「行為・行動」を故人の代わりにやってもらうだけであって、なにか特定のものを「あげる」わけではない点です。先ほどの例でいえば、「コレクションを処分すること」が委任者に課せられた役割ですから、故人が委任者にコレクションを譲渡すれば「贈与」扱いとなり、「事務委任」にはあたりません。

こういった点に注意すれば、ここまで柔軟に対応できる制度はなかなかありません。いまのうちに細部まで取り決めておけば、安心感がぐっと増すでしょう。

「死後離婚」で争いの根を絶つ

「死後離婚」という言葉を、昨今、よく耳にするようになりました。

自分の妻と自分の両親（舅《しゅうと》・姑《しゅうとめ》）の関係がうまくいっておらず、自分の死後に何らかのトラブルになってしまう確率が高いとすれば、この「死後離婚」という手段を講じておくとよいでしょう。

夫と死別後、夫の両親や兄弟などとの法律関係を断ち切るために、妻は「婚姻関係終了届」を提出することができます。これを提出すると、妻は夫の姻族と法律的な関係を解消できます。

ある経営者の方は、末期のがんを告知され、余命3か月を宣告されてしまいました。その方は、自分の両親と折り合いが悪かった奥様を心配し、「もし自分があの世に行ってしまったら、最愛の妻は夫の両親にいじめられ、苦しむことになるのではないか」

と危惧していました。

そこで私は奥様に「旦那様が亡くなったあと、すぐにこの『婚姻関係終了届』を提出し、『死後離婚』してください」と伝えたのです。この判断により、結果として旦那様の心配は杞憂に終わりました。

「死後離婚」をすると、夫の両親との姻族関係が終了するため、夫の両親に対する扶養義務がなくなります。また、「死後離婚」をしても、夫の遺産の相続権を失うわけでも、遺族年金などが支給されなくなるわけでもありませんから、特に不利益を被ることはありません。手続き方法は、本籍地または住所のある市区町村の役所で、妻自身の戸籍謄本、亡くなった夫の戸籍謄本とともに「婚姻関係終了届」を提出するだけなので簡単です。

「死後離婚」の件数は10年前に比べて約2倍に増えており、利用者はほぼ女性のようです。紹介した事例のように、最愛の妻を思い、夫から「死後離婚」を勧めることが多くみられるようになってきたのでしょう。生前のうちから、「死後離婚」という制度についても考えておいたほうがよいと思います。

明暗を分ける保険の知識①

払込期間満了でも保険は有効

財産を自分の希望に近い形で残すカギとなるのが、生命保険です。生命保険に関する知識の有無が、時に明暗を分けます。

あなたは、払込期間が満了になっている保険の存在を見落としてはいませんか？

毎月口座から掛け金が引き落とされていれば、その保険に加入していることを意識しているでしょう。また加入時に「55歳まで」「60歳まで」と説明されていれば、その歳までは加入者である自覚を持っています。

逆に言えば、払込期間が満了になり、引き落としが行われなくなってしまった保険は、その存在自体が忘却されがちです。引越しをする際に住所変更をしなかったために、通知が届かなくなって埋もれてしまっているケースもよくあります。

すでに払い込みが完了している保険でも、終身の特約として医療保障が付加されている終身保険であれば、払込期間を終えてもずっと有効です。これに気づかないばかりに、病気で入院し、本当は給付金が出る状態なのに申請していなかったというケースは少なくありません。

受取人の立場からも考えてみましょう。保険の証書が残されていなかったり、通帳に引き落としの記録が見当たらなければ、受取人が保険の存在を知ることはできません。受取人であるにもかかわらず、保険金を受け取ることができないのです。

とくに、定期的な引き落としではなく、現金一括で保険会社に支払い終わっている保険（一時払いの終身保険）は、本人すら忘れているケースもあるほどです。

離婚をしたのに、保険金の受取人が前の奥さんのままになっていた例も多くあります。保険会社の担当者が離婚の事実を知ったとしても、わざわざ「受取人を変えましょうか」とは聞いてくれません。「わざと変更していないんだ」といわれると気まずいですし、そもそも、保険会社に確認する義務はありません。ですから、あえて聞こうとはしないことが多いのです。「今の奥さんに保険金をあげたかったのに、前妻に支払われてしまった」といったことが、しばしば起きています。

明暗を分ける保険の知識❷

生命保険金は受取人固有の財産

必ず知っておきたいのは、「(生命)保険金請求権は受取人固有の財産であり、相続財産には含まれない」という原則です。つまり、法定相続人に分配する財産の法定相続分には該当しません。

さらに言い換えるならば、「生命保険の受取保険金は、税務上の財産には含まれるが、民法上の分割対象となる財産には含まれない」ということになります。生命保険に関する基本的な考え方ですが、意外に知られていません。

わかりやすいように、総額約3億円の財産を持つAさんを例に見てみましょう。

❶「預金＝2億円、生命保険の保険金＝1億円」の場合（図9・上）

保険金の1億円は契約上の受取人であるBさんに直接支払われ、相続の対象となる財産は総額2億円となります。この2億円を相続人の間で分割しますので、Bさんは「保険金1億円＋遺産分割後の財産」を得ます。

❷「預金＝2億9000万円、生命保険の保険金＝1000万円」の場合（図9・下）

❶と同じく、保険金の1000万円は契約上の受取人であるBさんに直接支払われ、相続の対象となる財産は総額2億9000万円となるため、Bさんは「保険金1000万円＋遺産分割後の財産」を得ます。

図9 生命保険の活用で、受け取り額は大きく変えられる

❶「預金＝2億円、生命保険金＝1億円」の場合

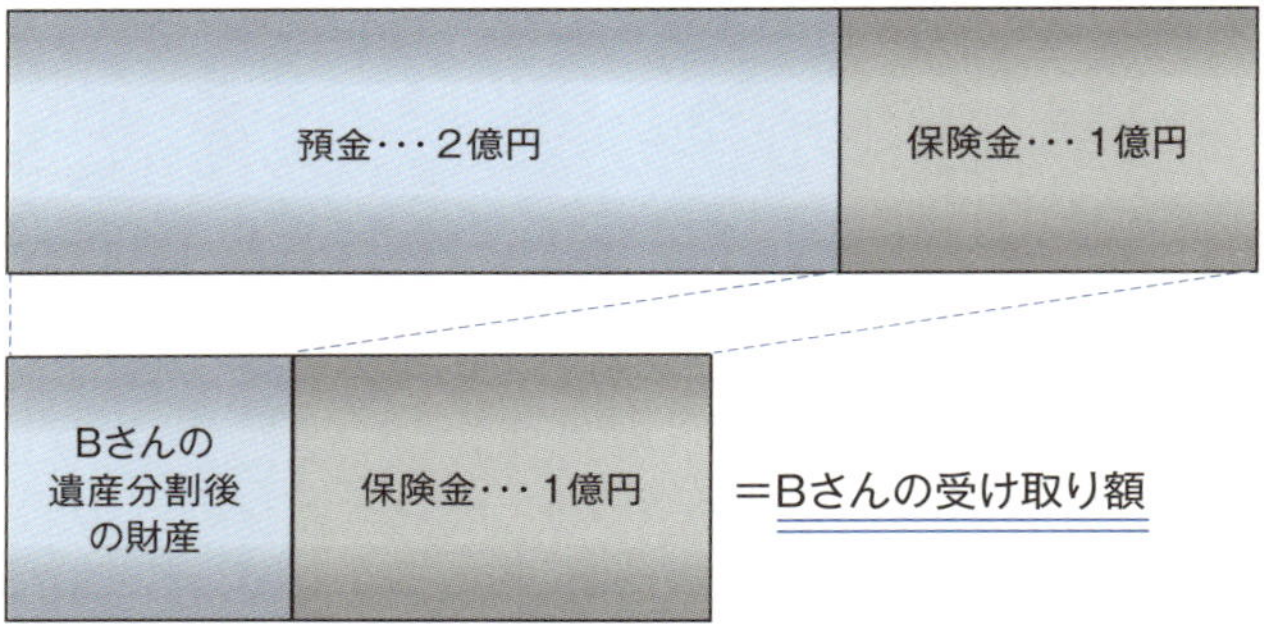

❷「預金＝2億9000万円、生命保険金＝1000万円」の場合

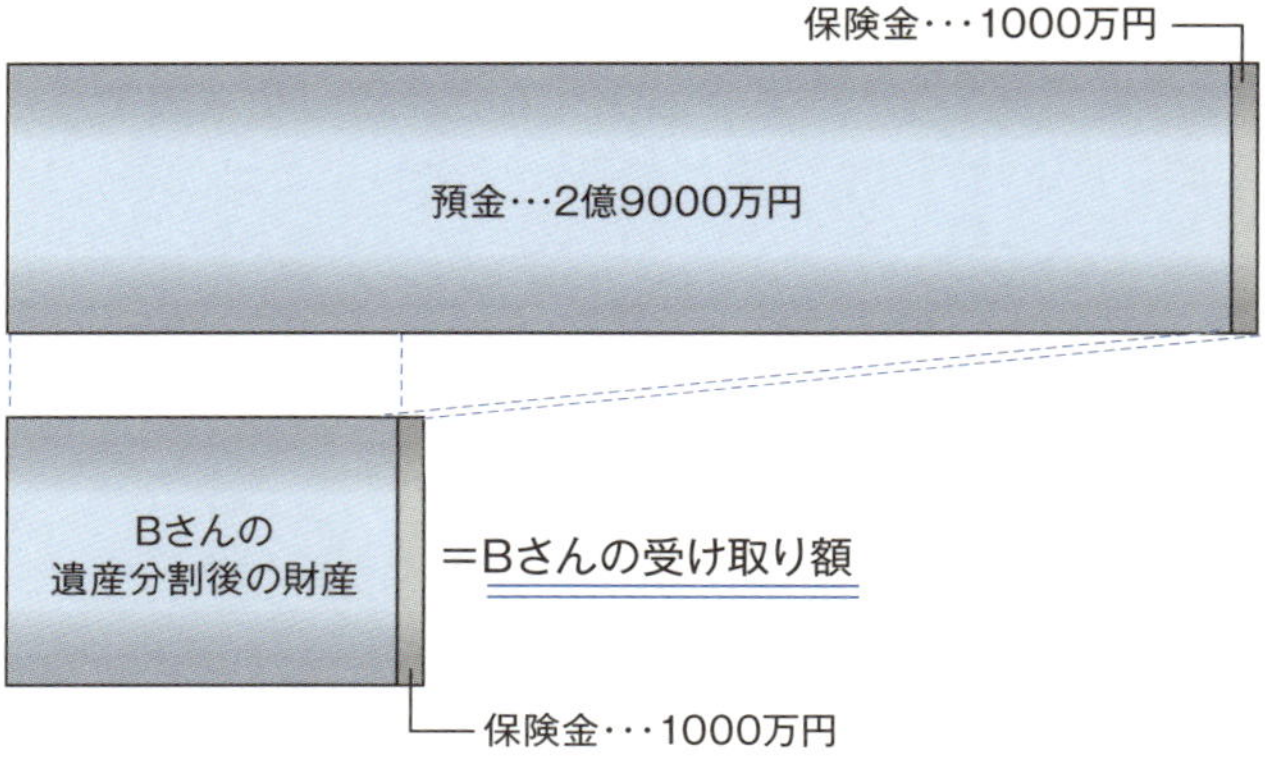

もちろん、遺言によってBさんに多くの財産を残すことも可能ですが、一定の法定相続人は最低限の財産（遺留分）の取得を主張する権利を持っています。

その点を考慮すれば、❷では2億9000万円に対して遺留分の取得の主張（遺留分減殺請求）をされることになり、❶の2億円と比較すると、その違いは一目瞭然です。

このように、ある特定の人に確実に財産を残してあげたいのならば「生命保険を上手く活用して、受取人を確定させると同時に分割対象となる財産を減らす」ことが非常に有効な手立てとなるのです。

「保険金が相続人の固有の財産」ということは、保険金受取人である相続人が仮に相続放棄をしても保険金を受け取れることを意味しています。

ただし、これを逆手に取って財産のほとんどを生命保険金とすることで、他の相続人との間で著しい不公平が生じる場合などは、特別受益として相続財産に持ち戻される可能性がありますので、専門家との相談が必要です。

生命保険金の非課税枠の活用

生命保険を使った相続対策についても考えてみましょう。

生命保険の保険金は、非課税となる限度額が「500万円×法定相続人の人数」と決められています（平成29年10月現在）。たとえば、先ほどのAさんに法定相続人となる配偶者や子どもの人数が合わせて4人いる場合、500万円×4人＝2000万円の非課税枠が設定され、法定相続人（権利放棄した者を除く）の枠内の保険金についての相続税はゼロとなります。

Aさんが奥さんひとりだけを受取人として2000万円の生命保険に入っていても、非課税枠は2000万円です。非課税枠の算出は法定相続人の人数に基づいていますが、生命保険の受取人の数と一致しなくても問題はありません。

現金で残すよりも、同じ金額を保険の掛金として支払い、保険金を受け取るほうが税負担が軽減されます。「保険なんか嫌い」という方がたまにいらっしゃいますが、せっかく非課税の枠があるのに使わないのは、非常にもったいないことです。

こうした生命保険の非課税枠の活用は相続対策の基本ですので、もう知っているという方も多いかもしれません。ところで、これと同様の非課税枠が、法人から遺族に支払われる死亡退職金にもあることはご存知でしょうか。

法人契約で生命保険に加入すれば、当然、保険金を受け取るのは法人となります。その会社に所属する人が亡くなった場合、その法人に支払われた保険金は、ほぼそのまま死亡退職金として遺族に支払われます。この支払いの際に、法定相続人は、個人の保険金の非課税枠とは別に、死亡退職金の非課税枠を使うことができます。死亡退職金の非課税枠の算出方法は、先ほどの故人の保険金の場合とまったく同じです。

Aさんを例に見てみましょう。Aさんの法定相続人は4人ですから、Aさん自身の保険金には「500万円×4人＝2000万円」の非課税枠があります。さらに、Aさんの会社から支払われる死亡退職金の分の非課税枠として、同じく「500万円×

4人＝2000万円」の非課税枠が加わります。これで、合計4000万円が非課税。非課税枠がなんと2倍になりました。

なお、法人が受け取った保険金は、よほどの高額でないかぎりそのまま死亡退職金として支払われ、損金としても認められるので、法人に税金はかかりません。

また、経営者が死亡したときに会社から遺族に弔慰金が支給されることがあります。遺族が受け取った弔慰金は、次の範囲内であれば通常、相続税の対象にはなりません。

・被相続人の死亡が業務上の死亡であるとき……普通給与の3年分
・被相続人の死亡が業務上の死亡でないとき……普通給与の6か月分

遺族にお金を残すためには、法人での保険契約の内容に関してもしっかりとしたプランニングが必要です。

明暗を分ける保険の知識④

生命保険信託の活用

1億円の生命保険に加入している人が亡くなると、保険金1億円が受取人に支払われ、通常の場合はこれで保険契約は終了となります。

しかし、「生命保険信託」という仕組みを利用すれば、より有効に、より思いどおりに資産を引き継ぐことができます。

生命保険信託は、生命保険の「財産創出機能」と信託の「財産管理機能」を組み合わせた信託商品です。これを利用すると、死亡保険金に関して信託を通じて交付相手や方法・用途などをあらかじめ柔軟に設計することが可能になります。

つまり、保険の契約者が自分の死亡保険金を「いつ」「誰に」「いくら」渡すのか、あらかじめ取り決めることができる仕組みです。たとえば「長男が大学を卒業するまで、生活費として毎月30万円を支払う」「大学入学時に、教育費として500万円を渡す」

といったように、資産の使い途や分配方法、タイミングまで、細かく指定することが可能です。

とくに、相続人がまだ若かったり、普段から金づかいが荒いようであれば、大金を一度に渡してしまうとかえって不安なものです。いきなりベンツを乗りまわすようになるなど、暮らしぶりが派手になり、結果的に人生を狂わせてしまうかもしれないからです。また、子どもがなんらかの障がいを持っている場合も同様のことが起きるかもしれません。生命保険信託を活用すれば、これらの不安は軽減できます。

親としては、自分の死後も子どものお金の使い道をデザインすることが可能になります。自分がいつ死んでも、信託銀行が親としての責任を引き継いでくれるのです。

生命保険信託は、信託会社や信託銀行のサービスです。保険の契約者は、生前に信託会社・信託銀行と信託契約を結び、詳細を取り決めることになります。

明暗を分ける保険の知識⑤

保険期間延長・変換と忘れがちな保険

突然死への事前対策というテーマには直結しづらいものですが、ほかにも知っておきたい保険の知識がいくつかあります。

保険期間の延長

「60歳で生命保険が切れちゃうんだよね」

「2年以内に死ねば保険金が出るのに……」

50代後半の方が、ため息まじりにこうおっしゃっているのをよく耳にします。以前は60歳で保険期間が終了してしまう生命保険が多くあったので、こういった保険に加入されてきた方なのでしょう。

しかし実際には、保険会社に申し出れば、保険期間を延長することが可能な場合もあります。保険の種類によっては、60歳を100歳まで延ばすことさえできますし、がんで余命宣告をされているケースでも延長は可能です。また、その際には健康診断も不要です。一度問い合わせてみる価値はあると思います。

保険料は、延長した保険期間に応じてアップしますが、延長が可能であれば、体調があまり思わしくなく、新たに保険に入ることができないという人には大きなメリットになる可能性もありますので、ぜひ覚えておいてください。

変換制度

期間延長と合わせて、変換制度というものもあります。

60歳までの掛け捨て保険に加入している場合でも、より期間を長くした貯蓄性のある保険に無審査で変更することが可能です。この知識があれば、効率的な将来への備えが可能となるでしょう。

高度障がいの保険金

事故等で障がいが残ってしまい、保険金が出る状態になっているのに、そのことに気づいていない人も多くいます。

生命保険金の支払い条件は、死亡だけではありません。たとえば、車椅子が必要な高度障がい状態になれば、多くの保険では保険金が全額支払われるでしょう。

高度障がいが残った場合は、団信（団体信用生命保険）に加入していれば、住宅ローンの返済も免除されます。これも、意外に見落としがちです。それでも、あとから気づいた場合にも、それまでに支払った保険料を返還してもらうこともできます。

特約・付帯の保険金

死亡の場合、損害保険（自動車保険など）から保険金が支払われるケースもあります。けがをしたときでも、自動車保険や火災保険の特約をつけていれば、保険金が支払われることがあります。

その他、クレジットカードをつくったときに同時に加入していた保険（付帯保険）なども見落としがちなので、一度チェックしておいたほうがよいでしょう。

明暗を分ける保険の知識⑥

「経営セーフティ共済」と「小規模企業共済」もチェック

経営者の方、とくに中小企業を経営されている方ならば、「経営セーフティ共済（中小企業倒産防止共済制度）」「小規模企業共済」についてはご存知のことと思います。どちらも独立行政法人中小企業基盤整備機構が運営している制度で、経営セーフティ共済の掛金は損金に計上できる特長があり、小規模企業共済の掛金は所得控除の対象になるため、節税上のメリットから多くの経営者が加入しています。

中小企業が取引先の倒産の影響を受けて連鎖倒産や経営難に陥ることを防ぐ共済制

度が「経営セーフティ共済」です。

また、小規模企業の個人事業主が事業を廃止した場合や、会社等の役員が役員を退職した場合などに、それまで積み立てた掛金に応じて共済金を受け取ることのできる共済制度として「小規模企業共済」があります。

小規模企業共済に関しては、基本的には毎月掛金が発生するので、万が一のときにもその存在に気づくことができるでしょう。

しかし、経営セーフティ共済は、掛金総額が８００万円までしか積み立てられないので、掛金が上限に達していると、その後の掛金の発生がないことから、見落としてしまうかもしれません。

ほかにも、サイドビジネス用に別会社を持っていて、そちらの会社で掛金を払っているケースもあります。

さまざまな事態を想定したうえで、チェック漏れのないように準備をしましょう。

《おわりに》
トラブルを防ぎ、尊厳を守る

もし、自分の余命があと3か月だと宣告されたら。あなたは最初に何を考えますか。自分の会社のこと。残される家族のこと。愛人のこと。ペットのこと。次から次へと、いろいろなことが浮かんでは消えていくでしょう。

遅かれ早かれ、誰もが必ず迎える「死」の瞬間。

まだ若いから、まだまだ元気だからといって、油断はできません。惜しまれながら、若くして亡くなる方がたくさんいらっしゃいます。昔の人は「朝《あした》に紅顔《こうがん》ありて、夕べに白骨《はっこつ》となれる身なり」と言いました。朝には血色のよい顔つきをしていたのに、夕方には白骨となる……人間は、かくも無常な世に生きているというのです。

しかしながら、「死への準備」は、けっして後ろ向きなものではありません。むしろ、これからもっと前に進んでいくために必要な行動なのです。

自分がいなくなっても、残された大切な人たちがこまらないよう、万端の準備をしておく。そのことによって、あなたのなかに安心と余裕が生まれます。「いつ死んでも、これで大丈夫」という心の持ちようが、目の前の現実を思いきり力強く生き抜くための磐石な基礎となり、替えがたい大きな推進力になるのです。

この本に書いてあることを隅から隅まで実行するには、相当な労力と時間がかかります。そこで提案したいのは、まず「ＴｏＤｏ《トゥ・ドゥ》リスト」をつくることです。

この本でとりあげた「持ち物」をご自分にあてはめたとき、どんな優先順位をつけますか。それがそのまま「ＴｏＤｏリスト」になるはずです。

おそらく、いちばん最初に頭に浮かんだことが、あなたが普段から気にしている最大の懸念材料です。それは、一筋縄では解決できない事項かもしれません。なかなか手をつけられず、ほったらかしになっていることかもしれません。たとえば……

・会社の株が名義株のままになっている。
・家族に内緒で連帯保証人になっている。
・前妻との間に子どもがいることを現在の家族には話していない。
・実質的なオーナーになっているマンションに愛人を住まわせている。

悩みの種は、事業・会社のことに限らず、プライベート面にももちろんあるでしょう。なかなか他の人には話しづらいことや、自分ひとりでは解決できないこともあるのではないでしょうか。

「自分のことは自分で」というのは、建前としては立派です。でも、ひとりではどうしても限界があったり、自分以外の他人の力を借りたほうがよりよい成果を短時間で挙げられるといったことは、殊にこのテーマでは多いものです。いまの生活や大事な時間を大幅に犠牲にしてまで死後の準備に没頭するのは、それこそ本末転倒ともいえます。

思いきって、プロに頼りましょう。法律のことは弁護士、財務・税務のことは税理士、保険のことは保険の専門家に聞けばよいのです。そして、できれば、この三者の連携が緊密にとれている環境を選ぶべきでしょう。なぜなら、これまで見てきたように、「最高の就活」は、どれかひとつの切り口だけでどうにかできるような、単純な問題ではないからです。

私たちが提供しているのは、各方面のプロがドリームチームを組んで行う理想的なサポートです。一般社団法人という名のチームの内部で、弁護士、税理士、保険会社がお互いの専門分野をカバーしあいながら、相談者にとっての最適解を迅速にはじきだしています。

「もしものときは……」ではもう手遅れかもしれません。「いますぐ」、私たちを頼ってください。

最後にもうひとつ、お願いがあります。

それは、ハード面の備えと同時にソフト面の備えも重視してほしいということです。

多忙な日々を送っている中で、経営者として、夫や父として、またひとりの人間として、奥さんやお子さんに何を伝えたいか。じっくり考える時間をつくってください。

そして、その思いを話して伝える時間をつくってください。直接伝えるのが恥ずかしいのであれば、手紙やビデオレターというかたちで、その思いを伝えられるようにするのもよいでしょう。

法務や節税の対策をどんなに周到にしたところで、家族にキレイな思い出が残らなければ、味気ないものです。最高の最期を迎えるためのカギは、結局は「心」にあるのではないでしょうか。

この本が、あなたの「心」を伝えるための架け橋となることを願っています。

著者紹介

眞鍋淳也（まなべ・じゅんや）

弁護士、公認会計士／南青山M's法律会計事務所 代表
一般社団法人社長の終活研究会 代表理事
昭和48年、愛媛県出身。平成13年、公認会計士登録。平成19年、弁護士登録。平成21年、南青山M's法律会計事務所を設立。著書に『ドロ沼相続の出口』『老後の財産は「任意後見」で守りなさい』（ともに幻冬舎）がある。

山本祐紀（やまもと・ゆうき）

税理士／株式会社ローツェ・コンサルティング、山本祐紀税理士事務所 代表
一般社団法人社長の終活研究会 理事
昭和46年、愛知県出身。税理士資格を取得後、税理士法人や大手保険会社での勤務・業務参画を経て、平成19年、ローツェ・コンサルティング、山本祐紀税理士事務所を設立。

吉田泰久（よしだ・やすひさ）

プルデンシャル生命保険株式会社 エグゼクティブ・ライフプランナー
昭和46年、滋賀県出身。平成6年に丸紅株式会社入社。平成13年にプルデンシャル生命保険株式会社に入社。平成14年以降15年連続で生保業界の優秀業績資格であるMDRT（Milion Dollar Round Table)会員資格に。
・ファイナンシャルプランナー（日本FP協会認定）
・宅地建物取引士

協力

一般社団法人 社長の終活研究会

当研究会では、会社経営者の終活に対する認知度を上げ、社会的ニーズを喚起することを会員相互の目的として、調査・研究活動や情報交換を行っています。終活のプランニングや悩み相談など、お気軽にお問い合わせください。

東京都港区南青山2-11-11　ユニマットハイダウェイ5階
TEL:03-6459-2113

今すぐ取りかかりたい 最高の終活

発行日　2017年12月7日　第1刷

定　価　本体1300円＋税

著　者　眞鍋淳也／山本祐紀／吉田泰久

発　行　株式会社 青月社
〒101-0032
東京都千代田区岩本町3-2-1 共同ビル8F
TEL 03-6679-3496　FAX 03-5833-8664

印刷・製本　株式会社シナノ

ISBN 978-4-8109-1315-6